知识产权管理与运用若干问题研究

HISHICHANQUAN
UANLI
U YUNYONG
UOGAN WENTI YANJIU

乔永忠 著

知识产权出版社

内容提要

本书以国家知识产权战略及其实施绩效评估、国家财政资助发明创造的知识产权、专利维持时间与专利质量、专利创造性标准运用、专利及其制度运用。世界专利活动趋势与中药专利管理等6个专题研究我国现实的知识产权问题，并采用大量的数据作为研究基础，具有较强的说服力。本书可供知识产权学习者、研究者、实务工作者参考使用。

责任编辑：刘　睿　　**责任校对：**韩秀天

文字编辑：江宜玲　　**责任出版：**卢运霞

图书在版编目（CIP）数据

知识产权管理与运用若干问题研究/乔永忠著. —北京：知识产权出版社，2009.8

ISBN 978-7-80247-747-6

Ⅰ. 知…　Ⅱ. 乔…　Ⅲ. 知识产权-管理-研究-中国　Ⅳ. D923.404

中国版本图书馆 CIP 数据核字（2009）第 112980 号

知识产权管理与运用若干问题研究

乔永忠　著

出版发行：知识产权出版社

社　　址：北京市海淀区马甸南村1号　　**邮　　编：**100088

网　　址：http://www.ipph.cn　　**邮　　箱：**bjb@cnipr.com

发行电话：010-82000097　82000860 转 8104　　**传　　真：**010-82000097

责编电话：010-82000860 转 8113　　**责编邮箱：**liurui@cnipr.com

印　　刷：知识产权出版社电子制印中心　　**经　　销：**新华书店及相关销售网点

开　　本：880mm×1230mm　1/32　　**印　　张：**7.5

版　　次：2009 年 8 月第 1 版　　**印　　次：**2009 年 8 月第 1 次印刷

字　　数：205 千字　　**定　　价：**20.00 元

ISBN 978-7-80247-747-6/D·831（2599）

前　言

知识产权制度是开发和利用知识资源的基本制度，知识产权管理和运用能力则是市场主体核心竞争力的主要体现之一。《国家知识产权战略纲要》强调，实施国家知识产权战略，要按照激励创造、有效运用、依法保护、科学管理的方针，着力完善知识产权制度，大幅度提升我国知识产权创造、运用、保护和管理的能力。因此，研究我国知识产权管理和运用对实施国家知识产权战略具有重要的意义。

本书研究的问题有两个特点。第一个特点是研究我国现实的知识产权问题。实施国家知识产权战略，有利于增强我国自主创新能力、建设创新型国家，而对知识产权战略实施绩效评估是国家知识产权战略不可或缺的重要环节，也是完善国家知识产权战略的关键依据。作者通过对国家知识产权战略绩效评估的基本问题进行研究，提出了提高国家知识产权战略实施绩效评估效率的建议。又如《科学技术进步法（修订案）》第20~21条被称为中国版“拜杜法案”的“宪法条款”。为加深对该条款的理解，作者探讨了利用财政性资金形成科研成果知识产权的归属等问题，并提出了相应的建议。另外，作者还探讨了我国国家知识产权局受理的发明专利的维持时间及其影响因素，我国中药专利保护及其对中药产业的影响，我国高校专利工作问题及对策分析等。希望这些与我国知识产权实际情况相关的研究对知识产权工作有所贡献。本书的另一个特点是采用大量的数据作为研究的基础，具有较强的说服力。如作者通过对国家知识产权局1994年授权的3 838件发明专利中因未缴年费而被终止的2 921件的相关数据分析，研究了我国发明专利的维持情况，这在一定程度上反映了我国发明专利的质量。当然，有些问题还处于探索阶段，研究还有待深入，但可以期待本书的出版会对我国知识产权管理与运用问题的研究有所帮助。

目　录

第一编　国家知识产权战略及其实施绩效评估

第二编　国家财政资助发明创造的知识产权

第三编 专利维持时间与专利质量

第四编　专利创造性标准运用

第五编　专利及其制度运用

第六编 世界专利活动趋势与中药专利管理

第一编

国家知识产权战略及其实施绩效评估

第 1 题

制定和实施国家知识产权战略是构建和谐社会的需要 *

【摘要】提高自主创新能力，强化科技支撑和丰富物质文化资源，为构建和谐社会奠定稳定的内部环境；完善知识产权教育能够促进人自身的和谐；健全知识产权法律制度能够平衡人与人之间的利益关系；对遗传资源和传统知识的知识产权制度保护可以促进人、自然和社会的和谐相处；积极参与知识产权国际条约的签署和制定能够为构建和谐社会营造良好的外部环境，所以制定和实施国家知识产权战略在构建和谐社会过程中将发挥十分重要的作用。

《中共中央关于构建社会主义和谐社会若干重大问题的决定》明确指出，和谐社会是社会主义的本质属性。关于什么是社会主义和谐社会，胡锦涛同志提出，社会主义和谐社会应该是民主法治、公平正义、诚信友爱、充满活力、安定有序、人与自然和谐相处的社会。中共中央政治局第三十一次集体学习时，胡锦涛同时强调：“加强我国知识产权制度建设，大力提高知识产权创造、管理、保护、

---

* 本文原发表于中国高校知识产权研究会第十三届年会论文集《知识产权研究》(2006 年 11 月)，原文标题为“试论国家知识产权战略与和谐社会构建”，内容有较大修改。

运用能力，是增强我国自主创新能力、建设创新型国家的迫切需要，是完善社会主义市场经济体制、规范市场秩序和建立诚信社会的迫切需要，是增强我国企业市场竞争力、提高国家核心竞争力的迫切需要，也是扩大对外开放、实现互利共赢的迫切需要。”所谓知识产权战略是指以创造战略、管理战略、保护战略、运用战略、人才战略为内容，以构建公平、公正、合理的知识产权制度为理念，以保证国家综合国力稳步提高、科技经济持续发展和社会更加和谐为目标的具有针对性、全面性、前瞻性和协调性的总体规划，包括国际战略和国内战略，后者包括国家战略、地区战略、行业战略、企业战略。知识产权战略对构建现代和谐社会发挥着非常重要的作用。如果没有适合中国国情的知识产权战略就很难构建真正的现代和谐社会。正在制定的国家知识产权战略如何服务于和谐社会的构建，值得我们认真思考。

一、利用知识产权制度，提高自主创新能力：为构建和谐社会提供科技支撑和物质文化资源

知识产权制度之所以被国际社会普遍采用并不断强化，是因为它有助于提高创新能力，鼓励和推动技术进步，促进社会经济发展。自主创新能力不仅是人类推动技术进步的动力，也是人类积累科学知识的源泉，更是人类创造和共享物质和文化资源的基础。首先，提高自主创新能力能够为构建现代和谐社会提供有力的科技支撑。知识产权制度通过保护自主创新的成果来推动科技进步。根据国情，我国现阶段应该优先提高高新技术的自主创新能力，为构建和谐社会提供科学技术支撑。其次，提高自主创新能力可以为和谐社会奠定物质和文化基础。目前我国自主创新能力相对较弱，发明专利拥有量，尤其是高新技术领域发明专利的拥有量较少。一方面，通过提高自主创新能力推动科学技术进步，提高社会劳动生产率，可以为我国创造出更多的物质财富。另一方面自主创新不但可

以强化竞争意识，催生新发现、新发明、新知识、新思想，激发人们不断进取，提升创造力，推动经济社会进步，而且能够拓宽视野、深化认识、升华人的精神境界。同时自主创新还能够更新人们的生活方式和思维方式，丰富社会的文化资源。因此，应该充分利用知识产权制度，提高自主创新能力，推进技术进步，创造更多的物质财富，为构建一个物质资源丰富、充满活力的创新型和谐社会奠定基础。

二、强化知识产权教育，培育知识产权文化：促进人的全面发展

知识产权文化是人类在知识产权及相关活动中产生的、影响知识产权事务的精神现象的总和，主要是指人们关于知识产权的认知、态度、价值观和信念，[1] 其内在结构应该划分为两个层面：一是观念形态的知识产权文化，包括知识产权学说、意识、习惯等；二是制度形态的知识产权文化，包括知识产权法律制度及规范、管理制度及组织机构、设施等方面。[2] 合理的知识产权教育制度和良好的知识产权文化氛围是实施国家知识产权战略中人才战略的基础。就知识产权教育而言，本文提出如下建议。首先，要强调知识产权教育的重要性。国际社会扩大知识产权保护范围和强化对知识产权的重视程度的趋势不可逆转。对知识产权教育的重视是科技发展的结果，也是历史的必然。其次，要突出知识产权教育的系统性。知识产权教育的系统性不但指知识产权教育包括专利权、著作权、商标权和商业秘密等内容的系统性，而且指知识产权教育的层

---

❶ 马维野："知识产权文化建设的思考"，载《知识产权》2005年第5期。

❷ 刘华、李文渊："论知识产权文化在中国的构建"，载《知识产权》2004年第6期。

次性，即知识产权教育应该包括初等教育、中等教育和高等教育。最后，要重视知识产权教育内容的全面性：一方面，知识产权教育不仅要重视基础知识教育，而且要重视思想意识教育以及文化观念的培育；另一方面，不但要重视知识产权保护，更要重视知识产权的创造、管理和运用能力。

知识产权文化是一种整体的思想观念，它不仅能够活跃自主创新氛围、形成保护自己知识产权和尊重他人知识产权的行为习惯以及协调知识产权制度运行机制，而且可以将知识产权的制度内化为社会个体的信念和行为准则。我国公民的知识产权文化基础比较薄弱，这与我国社会经济发展水平有关。随着科学技术的发展、知识产权受到普遍重视和知识产权制度的不断完善以及遗传资源和传统知识的知识产权保护制度的建立，现代社会到处充满了受知识产权保护的智力成果。知识产权意识在思想道德体系中的地位越来越重要。公民薄弱的知识产权文化基础将不利于人的全面发展。在知识产权教育和知识产权文化的培育过程中，不论是教育者，还是受教育者能够在不同程度上加深对知识产权的认知、端正对知识产权的态度，强化知识产权的意识，提升知识产权文化，提高自身的思想道德素质和修养，最终为人的全面发展奠定基础，也为构建民主法制、公平正义的和谐社会创造了条件。

三、完善知识产权制度，平衡知识产权有关主体之间的利益：构建人与人之间关系的和谐

知识产权制度是对知识产权的创造者基于智力劳动成果依法享有的、排斥他人控制、传播、使用该智力成果的权利的保护制度，其实质是对智力成果的创造者与所有者、创造者与传播者、创造者与使用者、创造者与其他公众之间利益平衡的协调。该利益平衡体系包括：创作者或创造者与所有者的关系；创造者与传播者的关系；创造者与使用者的关系；传播者与使用者的关系；创造者、传

播者与其他公众的关系。知识产权权利人基于其智力成果而依法享有的权利范围是法定的，如果超越了这个范围，就会造成知识产权的滥用，从而侵犯公众的合法利益。在我国知识产权的保护水平与国情相适应的磨合过程中，因反垄断法规制的缺失和反不正当竞争法保护的不到位导致的知识产权滥用现象尤为严重。因此完善并严格执行知识产权制度，协调创造者、传播者与公众的利益平衡迫在眉睫。在知识产权日益受到重视的现代社会，虽然不是所有的人都是知识产权的创造者、所有者和传播者，但是绝大多数人都会成为智力成果的使用者。人和人之间的利益关系是社会生产关系中最重要的关系之一，所以人与人之间的利益关系的和谐与否直接关系到整个社会的和谐发展。因此完善知识产权制度，平衡知识产权的创造者、传播者、使用者和其他公众之间的利益是构建人与人之间关系和谐的重要手段，也是构建诚信友爱、安定有序的和谐社会的关键。

四、建立和完善遗传资源和传统知识的知识产权保护制度：构建人、自然与社会之间的和谐

我国不仅拥有灿烂的古代文明和丰富的文化遗产，而且拥有非常丰富的生物资源。新中国成立以来，国家制定了有关保护遗传资源的法规、规章和制度，参加了涉及遗传资源和传统知识保护的国际条约，并积极履行这些条约规定的义务。但是近年来，“生物剽窃”、文化遗产的遗失和由环境污染导致的生物多样性的破坏等现象在中国不断发生。这对构建人、自然与社会的和谐已经造成严重威胁。因此，遗传资源、生物多样性的知识产权保护成为构建人、自然与社会和谐的重要条件，也是构建和谐社会的基本步骤。每一个民族都生活在不断创新的传统中。对任何一个民族来说，传统知识是它发展和创新的营养和血液。如果传统知识得不到足够的重视，人类社会文化的多样性将难以为继，人、自然和社会的和谐将

不可能实现，和谐社会的构建也将是一句空话。因此依据中国国情，建立和完善生物资源、传统知识的知识产权保护制度，加入并最大限度地参与有关国际公约，研究国际生物资源和传统知识的知识产权保护制度的发展趋势，坚持生物资源、传统知识的可持续发展战略，促进人、自然与社会的和谐，是构建可持续发展的和谐社会的需要。

五、应对知识产权制度国际化和一体化的挑战：为构建和谐社会营造良好的外部环境

随着经济全球化的不断深入和知识经济时代的到来，知识产权制度国际化和一体化成为必然的发展趋势。在知识产权制度国际化和一体化的过程中，将会有一系列的国际条约签署、制定或者修订。因为不同国家或者地区的经济发展水平和知识产权发展程度不同，所以在这些国际条约的签署、制定或者修订过程中，利益冲突是不可避免的。如何协调和利用这些利益冲突不仅关系到国内经济社会和知识产权事业的发展，也关系到稳定的国际环境的创建。TRIPs 协议的签订和完善就是明显的例证。其实质是发达国家和发展中国家在国际贸易框架之内所达成的交易，即发展中国家全面接受 TRIPs 协议所确立的知识产权保护规则，对发达国家所关注的知识产权给予高水平保护，发达国家向发展中国家和最不发达国家做出包括市场准入、关税优惠等一系列让步。[1] 在美国、欧盟和日本等国家或者地区的极力推动下，国际专利制度的一体化已经进入到实质阶段。这些发展趋势对我国知识产权事业提出了挑战。国家知识产权战略包括国内战略和国际战略。在国际战略的制定和实施过程中，中国如何在发达国家和发展中国家的博弈中发挥作用，关系

---

[1] 李明德："'多哈宣言'与 TRIPs 协议"，载《知识产权研究》（第 13 卷），中国方正出版社 2003 年版，第 53～54 页。

到国际知识产权新秩序的构建及其对中国的影响。因此我国必须积极应对知识产权国际化和一体化的挑战，为构建和谐世界做出自己的贡献，从而为构建和谐社会营造良好的外部环境。

六、结　语

只有充分利用和完善知识产权制度，提高自主创新能力；强化知识产权制度的教育和文化氛围的培育；制定和完善遗传资源和传统知识的知识产权保护制度；应对知识产权制度国际化和一体化的挑战，积极参与知识产权国际条约的签署、制定，才能大力推进科学技术进步，为构建和谐社会提供科技支撑和物质文化资源，同时协调人自身的和谐以及人、自然和社会的和谐，也为构建和谐社会营造一个良好的外部环境。因此制定和实施知识产权战略是构建民主法治、公平正义、诚信友爱、充满活力、安定有序、人与自然和谐相处的和谐社会的需要。

第 2 题

论政府在国家知识产权战略实施过程中的作用*

【摘要】政府是国家知识产权战略正确实施的关键主体，其行为在一定程度上决定着国家知识产权战略的实施效果。知识产权的私权属性和国家知识产权战略的全局性确定了政府作用的二重性。该二重性要求政府在提升知识产权创造能力、鼓励知识产权转化、完善知识产权法制、提高知识产权执法水平、加强知识产权行政管理、发展知识产权中介服务、加强知识产权人才队伍和推进知识产权文化建设等方面既要充分发挥作用，又要防止干预过度。

知识产权已经成为维护国家利益和经济安全的最重要的战略资源之一，也是世界各国经济、科技、文化实力和国际竞争力的重要体现。有人认为，充分发挥知识产权制度的作用，对于我国转变经济发展方式、缓解资源环境约束、提升国家核心竞争力、满足人民群众日益增长的物质文化需要，具有重要意义。[1]所以实施国家知识产权战略是建设创新型国家的迫切需要，也是转变经济发展方式

---

* 本文原发表于《探索》2008 年第 5 期，作者为乔永忠和葛雅兰，略有修改。

[1] 人民日报评论员："实施知识产权战略建设创新型国家"，载《人民日报》，2008 年 6 月 11 日。

的必由之路，更是提高国家核心竞争力的关键举措。为此，国务院于2008年6月5日颁布了《国家知识产权战略纲要》（以下简称《纲要》），该《纲要》的指导思想是“以激励创造、有效运用、依法保护、科学管理为方针，着力完善知识产权制度，积极营造良好的知识产权法治环境、市场环境、文化环境，大幅度提升我国知识产权创造、运用、保护和管理能力，为建设创新型国家和全面建设小康社会提供强有力的支撑”。《纲要》指出，实施国家知识产权战略，可以大力提升知识产权创造、运用、保护和管理能力，有利于增强我国自主创新能力，建设创新型国家；有利于完善社会主义市场经济体制，规范市场秩序和建立诚信社会；有利于增强我国企业市场竞争力和提高国家核心竞争力；有利于扩大对外开放，实现互利共赢。《纲要》的颁布意味着战略实施的正式开始。国务院以及各级地方政府在实施国家知识产权战略，促进我国社会经济发展过程中将发挥举足轻重的作用。因此，作为实施国家知识产权战略关键主体的政府，如何在实施国家知识产权战略中发挥作用是值得研究的迫切问题。本文拟探讨政府在国家知识产权战略实施中所起作用的二重性和不同方面的具体作用以及对政府作用的评估等问题。

一、实施国家知识产权战略过程中政府作用的二重性

在政府作用的限度与边界问题上，西方学者提出了许多理论模型。这些理论模型对研究中国政府在实施国家知识产权战略过程中如何发挥作用具有重要的借鉴价值。早在古希腊时期，柏拉图提出了“贤人政府”模型，认为政府的使命在于培养人民的美德，调整社会关系以达到社会和谐。[1] 自由资本主义时期，亚当·斯密的

---

[1] ［古希腊］柏拉图著，郭斌和、张竹明译：《理想国》，商务印书馆1986年版，第133页。

"警察政府"模型认为，政府的三个作用就是保护社会、保护国家和保护公共设施。❶ 边沁的"功利政府"模型认为，政府的作用应是实现最大多数人的最大幸福；❷ 密尔的"罪恶政府"模型认为，政府的作用在于以恶制恶。❸ 新制度经济学认为，在促进经济效益方面，政府规制的终极目的是使制度服务于人民。考特认为，不受管制的市场将在有创造力的思想和创造性的作品上生产出小于最优值的信息数量。❹ 大卫·休谟认为，政府职能就是为了促进某种公共目的，并借以进一步扩大其影响。❺ 现实中经济学家往往以成本收益理论衡量政府规制的经济绩效。这些理论与模型启示我们，政府必须对自身的行为进行合理界定，才能对经济社会发展发挥适当的作用。不过对政府行为的合理界定并不能替代政府要管理的具体事务的性质，换句话说，探讨实施国家知识产权战略本身的特殊性也是研究对其作用的前提之一。

知识产权的特殊性和国家知识产权战略的全局性使得政府在实施国家知识产权战略中发挥的重要作用具有二重性。近年来，市场经济发达、知识产权制度运行成功的国家，都选择了加强在知识产权制度运行中政府行政权力介入的模式，将政府管制与知识产权制度的运行相结合。这种策略的积极效果已初步显现，并进一步启发

---

❶ ［英］亚当·斯密著，郭大力、王亚南译：《国民财富的性质和原因研究》，商务印书馆1974年版，第27页。

❷ ［英］边沁著，沈叔平等译：《政府片论》，商务印书馆1997年版，第56页。

❸ ［英］密尔著，汪瑄译：《代议制政府》，商务印书馆1997年版，第69页。

❹ ［美］罗伯特·考特、托罗斯·尤伦著，张军等译：《法和经济学》，上海三联书店1994年版，第153页。

❺ ［英］大卫·休谟：《休谟散文集》，中国社会科学出版社2006年版，第26页。

我国对增强知识产权制度绩效的制度完善。❶ 按照新制度经济学理论的观点，国家提供基本服务的博弈规则主要是界定形成产权结构竞争与合作的基本规则。如果国家权力不介入，财产权就无法得到有效的界定、保护和实施；如果国家权力介入产权安排和交易，又可能会限制和侵害个人财产权，造成所有权残缺，从而导致产权安排和经济效益的降低。这就是所谓的“诺思悖论”。❷ 可见政府在产权制度形成中的作用具有二重性，即没有政府产权无法安排，政府干预过多，又会导致产权安排效益降低。这种情况在我国更为明显。政府是实施国家知识产权战略的重要力量。它既可能对国家知识产权战略实施产生积极推动作用，也可能对其构成严重的障碍。因为国家知识产权战略相关制度是否正确实施，离不开政府的有效监管与指导。有学者认为，从国家层面而言，知识产权制度是一个“社会政策工具”，是否保护知识产权，对哪些知识赋予知识产权，如何保护知识产权，是一个国家根据现实发展状况和未来发展需要所做出的制度选择和安排。❸ 当然，政府如果过度干预作为私权的知识产权制度运行，以行政命令代替市场自身调节，可能违背知识产权的私权属性。因此，要有效实施国家知识产权战略，必须正确发挥政府作用，把政府的宏观调控与市场的价值规律有机结合，从而充分发挥企业的自主创新能力，激发全社会所有创新主体的创新活力，提高自主创新能力，增强我国国家竞争力。

明确了政府作用的二重性后，本文以下部分主要以《纲要》为依据，探讨政府在实施国家知识产权战略过程中所起作用的具体

---

❶ 刘华：“论知识产权制度运行中的政府管制”，载《中国科技论坛》2005年第1期，第55页。

❷ 卢现祥：“论政府在我国基础设施领域促进竞争及反垄断中的‘诺思悖论’”，载《管理世界》2002年第2期，第83页。

❸ 吴汉东：“政府公共政策与知识产权制度”，载《光明日报》2006年10月10日。

内容。

二、政府在提升知识产权创造能力和鼓励知识产权转化运用中的作用

提升知识产权创造能力是实施国家知识产权战略的主要目标之一。针对我国创新主体知识产权创造能力较弱的现实，政府应在以下4方面发挥作用。首先，政府要建立以企业为主体、市场为导向、产学研相结合的自主知识产权创造体系。建立一个自主知识产权创造体系是实施国家知识产权战略的基础，不过该创造体系不能以政府为主体，更不能以政府为主导，政府只是该创造体系的推动者和协调者。企业是创新的主体，创新成果要有效应用到实践，必须尊重价值规律，所以构建一个高效的自主知识产权创造体系需要以企业为主体、以市场为导向，同时做到产学研相结合。其次，政府要支持企业通过创新，创造知识产权，提高知识产权转化能力。形成自主知识产权是企业知识产权战略的主要目的，所以政府需要及时制定相关政策，促进创新，同时提高将技术创新成果转化为知识产权的能力，使科技成果得到充分保护。再次，政府要引导企业加强技术创新，提高产品质量，并支持其打造知名品牌。创出驰名商标，打造知名品牌不仅是企业追求利润的目标，也是实施国家知识产权战略的目的之一。为此政府要正确引导，制定规范竞争，提高产品和服务质量的相关政策，促进自主创新。但是要特别强调政府不能越位，过多干预企业行为和市场规则，会阻碍国家知识产权战略的有效实施。

保护知识产权的目的是通过运用为创新主体带来财富。为有效提升知识产权转化运用的能力，政府应发挥如下作用。首先，政府要引导和支持创新要素向创新主体集聚，促进创新成果向创新主体转移，推动创新主体的知识产权应用。企业是最主要的创新主体，不过我国企业创新能力还不强，所以政府应该引导和支持将创新要

素积聚于企业，激发企业的创新活力。高等院校和科研院所也是主要的创新主体，但是其创新成果如果不能及时转化为产品，服务于社会，创新成果的价值就无法实现，所以将创新成果有效转移不仅是企业、高等院校和科研院所的事，政府也要积极协调，最大限度地使创新成果转化为现实生产力。其次，政府要开展各类知识产权试点和示范工作，全面提升创新主体的知识产权运用能力。随着知识经济的发展和知识产权日益被重视，知识产权运用能力和知识产权竞争能力显得非常重要。但是我国创新主体特别是企业的知识产权运用能力还很弱，知识产权竞争能力也较差，所以政府应该积极制定相关政策，全面提高创新主体特别是企业的知识产权运用能力。再次，政府要鼓励和支持创新主体健全知识产权管理制度，建立知识产权价值评估、统计、审计和会计制度，制订知识产权信息检索和预警等制度，完善对外合作制度。对市场主体而言，未公开的技术资料特别是商业秘密对企业发展非常重要，所以政府需要制定行政法规或者相关政策，保护企业技术秘密。知识产权的无形性等特点决定了其价值的难以确定性，也为评估其价值带来了困难，所以政府应该建立或者鼓励中介机构建立知识产权价值评估制度，为知识产权运用提供依据。为了提高企业运用知识产权的效率，避免因知识产权使用不当带来损失，政府应该引导和支持企业建立知识产权信息检索和知识产权重大事项预警制度。最后，政府还应该鼓励创新主体依法应对涉及知识产权侵权或被侵权的法律诉讼，提高其解决知识产权纠纷的能力。

三、政府在完善知识产权法制和提高知识产权执法水平中的作用

完善知识产权法律制度是实施国家知识产权战略的核心内容之一。经过二十多年的发展，我国基本建立了现代知识产权法律制度，但是为了国家知识产权战略的有效实施，相关法律制度需要进

一步完善。尽管法律制度要由立法机关制定，但是相关的行政法规，如《专利法实施细则》和《审查指南》等一系列行政法规和政策需要政府推动制定，而这些行政法规和政策对我国知识产权事业的发展起着非常重要的作用。政府在完善知识产权法制过程中应发挥如下作用。首先，政府要和立法机关协调，建立适应知识产权特点、符合我国国情并遵守相关国际公约的行政法规立法机制，提高行政法规和政策的质量；同时政府要鼓励研究机构加强知识产权立法研究，做好对行政法规和政策实施绩效的评估；另外政府要加强知识产权行政法规和政策的修改和立法解释。其次，政府要强化对制定知识产权行政法规和政策的必要性和可行性的研究，完善现有知识产权行政干预机制，优化管理资源配置。再次，政府要协调立法机构，完善审判制度，推动知识产权行政管理制度改革。具体而言，要做好3方面工作。一是要健全知识产权审查机构，充实知识产权审判队伍，提高审查和监督能力；二是要针对知识产权案件专业性强等特点，完善司法鉴定、专家证人、技术调查和知识产权诉前临时措施制度；三是要优化现有知识产权确权、授权程序，完善专利复审和无效制度，提高知识产权授权和评审效率。

我国知识产权保护机制的特点是实行司法保护和行政保护的双轨制。随着知识产权制度的发展和我国法制环境的不断完善，学者们对双轨制模式提出了不同的看法，有人认为要取消行政保护，有人认为要强化我国知识产权行政管理机制。我们认为，在现阶段，我国知识产权行政管理机制还不能取消，但是需要完善。在实施国家知识产权战略的过程中，政府在提高知识产权行政执法水平方面要发挥如下作用。首先，政府要采取有效措施，提升行政执法水平，合理配置行政执法资源，提高知识产权行政执法效率。知识产权行政执法水平对国家知识产权战略的实施将发挥重要作用。但是知识产权行政执法对技术要求的特殊性和我国执法人员素质不高的现实，要求政府要切实提高执法人员素质，合理配置资源，提高知识产权行政执法效率。其次，政府要针对假冒和盗版等侵犯知识产权现象，积极开展知识产权保护专项整治行动。近年来，我国政府进行了知识产权专项整治活动，取得了良好效果。不过，我们认为，知识产权保护是一个长期工程，仅靠几次专项行动是不行的。再次，政府要充分利用海关执法机制的特点，有效打击跨境知识产权违法犯罪活动，有效发挥海关在国际知识产权保护事务中的作用。海关知识产权保护是实施国家知识产权战略的重要组成部分。海关知识产权的有效保护，不仅有利于我国国内知识产权事业的发展，也有利于国际知识产权事务合作机制的建立。

四、政府在加强知识产权行政管理和发展知识产权中介服务中的作用

关于加强知识产权行政管理，政府需要发挥如下作用。首先，政府要制定并实施地区和行业知识产权战略，扶持创新主体发展符合发展需要的知识产权创造项目。知识产权战略包括国家知识产权战略、地方知识产权战略、行业知识产权战略和企业知识产权战略。尽管我国《国家知识产权战略纲要》颁布不久，但是有些地方，如上海、武汉等地已经提前实施了各自的地方知识产权战略，而且效果明显。就创新主体而言，个别企业也实施了自己的知识产权战略，并取得了很好的成绩。不同行业应该制定和实施适合本行业特色的知识产权战略，以利于本行业的发展。但是整体而言，我国地方知识产权战略、行业知识产权战略和企业知识产权战略很不完善。其次，政府要完善专利和商标的审查及著作权等登记制度，简化审查程序，提高审查效率，提高知识产权公共服务质量。再次，政府要构建不同级别的知识产权信息公共服务平台，开发适合我国检索方式与习惯的检索系统。

国家知识产权战略的性质和知识产权本身的私权属性决定了知识产权中介机构在国家知识产权战略实施过程中的重要性。政府不能过分干预中介机构的事务，但是如果没有相关的行政法规和政策

规范知识产权中介服务机构，中介机构的价值便很难实现。因此就发展知识产权中介服务，政府主要应做好如下工作。首先，政府要采取有效措施，提升中介服务诚信，规范中介执业管理，明确中介权利范围。具体而言，政府要重视以下3个方面：一是要加强知识产权中介行业自律，建立诚信信息管理、信用评价和失信惩戒等制度；二是要强化知识产权中介服务执业培训制度建设，规范中介服务执业培训，加强执业资质管理；三是要明确专利代理人等中介服务人员执业范围。其次，政府要制定政策，提升知识产权中介机构的服务能力，充分发挥中介机构对知识产权事业发展的促进作用。知识产权中介机构的能力主要包括：专利申请能力、知识产权纠纷处置能力、国际知识产权事务处理能力。政府要制定政策，充分发挥行业协会的作用，支持行业协会开展知识产权工作，同时要加强政府对行业协会知识产权工作的监督指导。再次，政府要充分发挥技术市场的资源配置作用，构建高效的知识产权交易体系，提供优质的知识产权交易服务。中介机构服务质量的提高必须依托良好的知识产权市场交易体系，所以政府应该建立符合市场规律的、透明而健康的知识产权交易体系，提升中介机构服务质量。最后，政府应该制定科学的评价标准、评价体系和评估程序，规范知识产权评估工作。

五、政府在加强知识产权人才队伍和推进知识产权文化建设中的作用

历史经验证明，一个国家的综合国力或者国际竞争力取决于这个国家的经济实力，而这个国家的经济实力又往往取决于这个国家的科技竞争力。一个国家科技竞争力在一定程度上表现为这个国家的知识产权制度的成熟程度和知识产权拥有量。而一个国家的知识产权制度和知识产权拥有量取决于这个国家的知识产权人才队伍建设和知识产权文化基础。

在国家知识产权战略实施的过程中，政府是加强知识产权人才队伍建设和推进知识产权文化建设的执行者。关于知识产权人才队伍建设，建议政府发挥如下作用。首先，政府要建立部门协调机制，统筹规划知识产权人才队伍建设。为了加强知识产权人才队伍建设，国家实施了知识产权百千万人才工程，有些省市如广东省人民政府也实施了与广东省地方知识产权战略相配套的知识产权百千万人才工程。此举对实施国家知识产权战略提供了智力支持。其次，政府要建设若干国家知识产权人才培养基地，加快建设高水平的知识产权师资队伍，大规模培养各级各类知识产权专业人才，重点培养企业急需的知识产权管理和中介服务人才。再次，政府要完善吸引、使用和管理知识产权专业人才相关制度，优化人才结构，促进人才合理流动。

知识产权文化是以知识产权意识形态为核心，由有关知识产权的价值观念、学术思想、法律制度、行为习惯和组织机构等构成有机的整体。关于知识产权文化建设，政府的作用主要体现在下列方面。首先，提高知识产权意识，提升知识产权文化。为此建议政府要建立政府主导、新闻媒体支撑、社会公众广泛参与的知识产权宣传工作体，推动知识产权的宣传普及和知识产权文化建设。目前我国政府将每年四月份定为知识产权活动月，进行一系列的知识产权宣传活动，已经取得了明显效果。但是这种活动只是阶段性的，对形成长期稳定的知识产权文化远远不够。其次，要开设知识产权课程，普及知识产权知识。知识产权文化的培育，离不开知识产权基础知识的普及，所以不同层次的知识产权教育是培育知识产权文化的前提。尽管我国目前在有些高校和中小学都开设了与知识产权相关的课程，但是远不能满足经济社会发展的需要。所以建议政府在高等学校开设知识产权相关课程，将知识产权教育纳入高校学生素质教育体系，同时制定并实施全国中小学知识产权普及教育计划，将知识产权内容纳入中小学教育课程体系。

六、实施国家知识产权战略过程中政府作用的评估

实施国家知识产权战略过程中政府作用的二重性决定了对其监督和评估的必要性和重要性。对知识产权战略实施过程中的政府作用进行全面而客观的评估有助于有效监控政府行为效果，从而保证战略实施效果的及时反馈，确保战略有序推进，同时提高政府行政能力。因此，在探讨政府在实施国家知识产权战略中的具体作用的同时，应该明确对政府作用的评估和监督。值得强调的是，政府自身应该重视评估和监督的意义，而且要对评估主体、评估原则、评估标准、评估指标体系、评估结果如何运用等基本问题进行研究。评估主体的选择恰当与否会直接影响到战略绩效评估的效度和信度，所以评估主体的选择要以有利于战略目标实现、确保评估效度和信度为出发点和落脚点。政府作用的评估主体很难确定，同时也很重要。如果由政府自己评估，可能因为利益关系而导致客观性不强；如果由人大或者其他机构作为评估主体，可能对政府行为效果或者绩效把握不够，使得评估结果不够全面。所以政府作用的评估主体有待进一步研究。政府作用的评估原则、标准和指标体系也非常重要，应该对它们进行深入研究，篇幅所限，这里不做详细探讨。政府作用的评估结果有助于政府发现自身工作中存在的问题，为进一步提高工作效率提供依据，所以对实施国家知识产权战略过程中政府行为评估结果的运用是不可缺少的重要环节。总之，政府作用评估对实施国家知识产权战略绩效非常重要，它可以反馈政府作用是否适度，提醒政府及时调整其行为，从而更为有效地推动国家知识产权战略的实施，不过对政府在国家知识产权战略实施过程中作用的客观评估受到很多因素的制约，具有很强的挑战性。

第 3 题

国家知识产权战略实施绩效评估基本问题研究

【摘要】 对知识产权战略实施绩效进行评估是国家知识产权战略不可或缺的重要环节，也是完善和发展国家知识产权战略的关键依据。本文通过对国家知识产权战略绩效评估的基本问题，即国家知识产权战略绩效的评估内涵、评估意义、评估主体、指标体系、评估难点、评估结果运用等问题进行研究，提出了提高国家知识产权战略实施绩效评估效率的建议。

国务院在 2008 年 6 月 5 日颁布的《国家知识产权战略纲要》标志着酝酿已久的国家知识产权战略正式进入实施阶段，也标志着我国建设创新型国家战略进入新阶段。随着知识经济的兴起、经济全球化的发展和知识产权制度重要性的日益突出，知识产权已经成为国家发展所依靠的核心战略资源。知识产权发展水平也日益成为衡量一个国家或地区综合实力、发展能力和核心竞争力的战略性标志。[1] 但我国的知识产权资源储备还不够，知识产权综合能力还不强，且遇到越来越多来自知识产权领域的挑战，因此，实施国家知识产权战略已经成为促进我国经济社会发展和应对未来竞争的必然

---

[1] 广东省人民政府：《广东省知识产权战略纲要（2007 ~ 2020 年）》。

选择。❶ 对国家知识产权战略实施绩效进行科学、客观和全面的评估有助于有效监控战略实施过程和实施效果，保证战略实施效果及时反馈，确保战略有序推进。❷ 因此，探讨什么是国家知识产权战略绩效评估、评估有什么意义、由谁来评估、用什么标准评估、依据什么样的指标体系评估、评估难点在哪里、评估结果如何运用等国家知识产权战略绩效评估的基本问题，对有效实施国家知识产权战略具有非常重要的意义。

一、国家知识产权战略绩效评估概述

国家知识产权战略是指以知识产权的创造、运用、保护、管理、人才培养、文化建设为内容，以构建公平、公正、合理的知识产权制度，保证国家综合国力稳步提高、科技经济可持续发展为目标的，具有针对性和前瞻性的，涵盖全方位、全过程、各领域的总体发展战略。该战略以知识产权制度资源配置为核心，以确立合理的政策目标与科学的价值取向，营造良好的知识产权法制环境，提升我国知识产权的创造、运用、保护和管理能力为任务，将在未来较长时间里指导我国知识产权事业的发展。国家知识产权战略绩效是指战略实施过程中，知识产权的创造、运用、保护、管理、人才培养、文化建设等活动中所取得的成就或产生的积极效果。国家知识产权战略绩效评估是评估主体运用科学的评估方法、标准和程序，依据评估指标体系，对战略取得的成就或者实施效果做出尽可能准确的评价过程。它也是一种战略管理手段，目的是为了提高战

❶ 田力普："积极实施国家知识产权战略　创新发展知识产权资产评估事业"，载《中国资产评估》2007 年第 12 期。

❷ Chitekizaisanken. Report on the system of performance evaluation for intellectual property services [J]. *Chiteki Zaisan Senmon Sabisu ni okeru Noryoku Hyoka Seido ni kansuru Chosa Kenkyu Hokokusho*, 2001, 169.

略实施效率，实现战略目标。换句话说，对战略实施绩效进行评估是国家知识产权战略不可或缺的重要组成部分。

国家知识产权战略的价值取向是其绩效评估的核心，它直接决定着战略的运行方向，也直接关系到战略绩效评估的内容、重点和评估主体的选择。因为即使相同的战略实施过程，如果评估的价值取向不同，评估的内容、重点和选择的主体就可能不同，评估结果也肯定不同。我国国家知识产权战略实施绩效评估应该以科学发展观为总的价值取向，具体表现在三个方面：一是绩效评估要以以人为本、全面、协调和可持续为核心价值；二是绩效评估要以高效、公开、公正为内在要求；三是绩效评估要以客观性、科学性和准确性为目标。确定了正确的评估价值取向后，正确选择国家知识产权战略绩效评估对象就显得非常重要。[1] 评估对象是选择战略方案，还是选择实施效果，不同学者有不同的观点。本文认为，如果是对战略本身进行全面评估，那么评估对象应该包括战略方案和战略的实施效果；如果是对战略实施绩效评估，则评估对象应该是战略实施效果。有了正确的评估对象，还必须有合理的评估标准，否则评估无法执行。国家知识产权战略绩效评估标准是指依据国家知识产权战略目标而设置的、用以评价实施效果的尺度或准则，是开展国家知识产权战略绩效评估的依据和逻辑起点。

对国家知识产权战略实施绩效进行科学、客观和全面的评估是科学发展观的要求，也是科学实施公共政策的需要，更是国家知识产权战略自身发展和完善的要求。首先，国家知识产权战略实施绩效评估是检验战略实施效果的重要手段。战略实施绩效评估就是通过收集战略实际实施效果的相关信息，运用科学方法分析和判断战略是否实现了其预期目标，或者实现预期目标的程度，从而评价战略实施所产生的社会和经济效益的过程，所以战略绩效评估是战略

---

[1] Smith G. V., Parr R. L. *Valuation of intellectual property and intangible asset* [M]. John Wiley & Sons Inc., New York, 1989.

有效实施的必要组成部分。其次，国家知识产权战略实施绩效评估是决定战略实施取向的关键依据。战略的制定是战略制定者依据有限信息，通过相关技术和方法对现有情况和未来预期做出的判断，战略实施过程中难免会出现偏差，因此，对战略实施绩效的评估结果是决定战略延续或者调整的重要因素。再次，国家知识产权战略实施绩效评估是调整战略实施力度，提高实施效率的重要保障。通过战略实施绩效的评估，能够及时发现战略实施中存在的问题，并及时加以解决或纠正，从而确保战略正确实施，提高实施效率。

二、国家知识产权战略绩效评估的主体

国家知识产权战略绩效评估主体是指组织或者主持战略绩效评估过程的机构或组织。评估主体的选择恰当与否会直接影响到战略绩效评估的效度和信度，所以评估主体的选择要以实现战略目标、确保评估效度和信度为出发点和落脚点。[1] 本文建议选择国家知识产权战略绩效评估主体时应遵循以下原则：（1）多元性原则。随着知识经济的发展，知识产权已经渗透到社会生活的方方面面，涉及不同层次群体的利益。满足不同层次利益的要求是多元性原则的基础，当然绩效评估的公正性也要求评估主体的多元化。（2）独立性原则。如果评估主体没有独立性，将会受到相关利益者的干扰，不可能做出客观的评估结果。如上级部门评估下级部门的方式，会因为评估主体和被评估对象存在千丝万缕的利益关系，使得评估主体在战略评估过程中难以保持其公正性和客观性。因此，评估主体的独立性是评估结果公正性的保障。（3）专业性原则。国家知识产权战略包括专利战略、商标战略、版权战略等内容，每一个战略都包含着复杂的专业知识，对评估主体的专业技术要求较

[1] Murphy, K. J. Performance standards in incentive contracts [J] . *Journal of Accounting and Economics*, 2001, (30): 245 ~ 278.

高，特别是专利战略的评估对技术的要求更高。所以专业化是国家知识产权战略绩效评估信度的保障。（4）代表性原则。在评估中既要防止评估主体全部由官方构成，缺乏代表性，又要防止有一定数量的非官方组织和社会公众参与❶，但是参与评估的社会组织和公众代表的产生方式和评估结果权重不合理，导致参与评估的公众主体仅具有象征性。国家知识产权战略实施关系到不同层次的群体利益，所以选择代表性较强的评估主体是评估结果客观全面的保障。本文建议国家知识产权战略绩效评估主体由代表政府的知识产权局、工商局和版权局等行政机关，代表司法的法院等司法机关，代表立法的人大等立法机关，知识产权代理机构和律师事务所等中介机构，高等院校和研究机构的专家和相关公众等按照一定的比例构成。

三、国家知识产权战略绩效评估的指标体系

国家知识产权战略绩效评估指标的合理筛选和指标体系的科学设计可以保证战略绩效评估过程的有效性，也是评估结果准确性的要求。选择哪些评估指标，不选择哪些评估指标，要体现国家知识产权战略评估总的价值取向——科学发展观。在被选择的评估指标中，每一指标在指标体系中的位置以及它们所占的权重不仅要体现战略评估的价值取向，还要体现战略评估的重点，同时在一定程度上反映战略评估的程序。科学构建评估指标体系是国家知识产权战略绩效评估是否可行、评估结果是否准确的关键。

在遵循科学、全面、客观和准确的指导思想前提下，建议我国国家知识产权战略评估指标选取遵循下列原则：（1）战略性和科

❶ Ken S. Cavalluzzo, Christopher D. Ittner. Implementing performance measurement innovations: evidence from government ［J］. *Accounting, Organization and Society*, 2004, (29): 243~267.

学性相结合。绩效评估指标的选取和评估指标体系的构建要以战略性为指导，以科学性为基础，将科学性和战略性有机结合。在选取知识产权绩效评估指标时，要考虑该项指标在整个指标体系中的地位和作用，依据其反映的特定对象的性质和特征，确定该指标是否被选取。当特定评估对象有多种指标可供选择时，究竟确定哪些指标才能客观反映评估对象，需要将科学性和战略性结合。在设计知识产权绩效评估指标体系时，要准确把握绩效评价指标内涵的正确性和准确性、指标体系的完备性和科学性、处理方法的逻辑性和合理性。（2）重点性与全面性相结合。国家知识产权战略涉及政治、经济、文化、法律和社会等多个领域，各项领域又相互联系相互作用。这就决定了其绩效评估指标体系是一个既突出重点又全面开放的系统。指标设计必须覆盖战略涉及的所有方面和领域，但作为评估体系不可能也没有必要面面俱到，必须突出一些重点方面和关键领域，设计合理数量的关键性指标来综合反映战略实施绩效。国家知识产权战略绩效评估要根据各指标对实现战略评价目标的重要程度，同时考虑各类指标在评价指标体系中的合理结构，指标间的逻辑关联度，对指标及其权重进行合理取舍，达到评价指标既能突出重点，又能保持相对均衡统一。[1]（3）动态与静态相结合。为了保证战略实施绩效评估的准确性，有必要要求绩效指标体系在指标的内涵、指标的数量及体系的构成上均保持相对稳定性。当然，随着知识经济的发展和国际竞争的逐渐激烈，国家知识产权战略的外部环境和评价取向的变化，国家知识产权战略绩效评估指标体系也应随之改进和变化。因此在设计绩效指标体系时，既要体现当时战略的特点和实施条件，保持其相对稳定性，又要对未来社会发展有所

[1] Robert L. Jr. Ostergard. The measurement of intellectual property rights protection［J］. *Journal of International Business Studies*，2000，Vol. 31.

预见，且进行必要的动态调整，使得战略评估适应社会的发展。[1]（4）定量与定性相结合。定量指标的特点是具体、直观，容易制定明确的评价标准，不易产生分歧误解，有利于绩效评估的科学化。但是国家知识产权战略绩效评估本质上是一种定性评估，定量评估要以定性评估为前提和基础。而且国家知识产权战略是一个长期的复杂工程，其绩效显示是一个复合系统，不是所有指标都能量化，所以必须设置一定数量的定性指标来反映战略绩效。因此评估中只有把定量指标和定性指标有机结合，才能使评估结果更具科学性。（5）可比性和操作性相结合。指标的可比性是指同一指标体系，尤其是一个次级指标内，按照特定的标准，指标之间可比的程度。战略绩效评估指标应该具有可比性，否则评估体系会难以发挥作用。可操作性是指在满足评估目的需要的前提下，评估指标概念清晰、表达方式简单易懂，数据来源易于采取，操作途径切实可行。指标体系的构建必须将可比性和可操作性相结合。

四、国家知识产权战略绩效评估的难点

国家知识产权战略以优化知识产权制度资源配置为核心，以建设知识产权强国为目标，对我国知识产权的创造、运用、保护和管理做出了全面战略性部署。对于国家知识产权战略的决策者、执行者、战略执行对象来说，不同类型主体对知识产权绩效评估会采取不同的立场和态度；战略目标的不确定性、评估资料的有限性等其他一些因素可能成为抵制、阻挠乃至反对进行知识产权绩效评估的

[1] Baglieri E. R&D performance measurement: a reference model, *7th International Forum on Technology Management*, Kyoto 1997, Proceedings.

理由，为国家知识产权战略绩效的有效评估带来困难。❶ 当然更为重要的是国家知识产权战略自身的特点决定了对其进行绩效评估的难度，这主要表现在以下几个方面：（1）战略目标的模糊性。国家知识产权战略绩效评估是考察、检验战略实施是否达成了预定的目标或达成目标的程度，但是国家知识产权战略自身的层次性和战略目标的模糊性决定了部分战略目标，尤其是一级目标和二级目标很难量化。（2）战略目标的可变性。尽管为了取得较为客观的评估结果，评估目标需要相对稳定。但是科技进步和经济社会的发展，加之知识产权领域本身发展很快的特点，要求国家知识产权战略绩效评估目标要与时俱进。（3）战略作用的多重性。国家知识产权战略实施不但会影响国家的政治、经济、法律，而且会影响国家的技术、文化、教育等。这些影响既有积极的，也有消极的；既有短期的，也有长期的。而且各种影响因素不可能用一个计量标准来衡量，有些影响因素很难测定。（4）战略作用的协同性。国家知识产权战略实施在科教兴国战略等其他国家战略的配合下发挥作用，所以国家知识产权战略和其他战略实施所产生的效果有可能是重叠的。在绩效评估实践中很难准确分清哪些效果由国家知识产权战略产生。（5）体现战略运行效果的信息有限性。战略实施过程中产生的效果，有些可能很清楚地表示出来，如专利的申请量、授权量、侵权数量等。但是有些却很难用数据表示，如公民的知识产权保护意识和社会的知识产权文化氛围等。另外体现有关国家知识产权战略实施效果的信息收集和管理体制还不够健全，使得相关资料不完整，统计数据不准确，使得国家知识产权战略绩效评估者难以获得相对准确的信息，也为评估带来了困难。

---

❶ Hirst, M. K. Reliance on accounting performance measures, task uncertainty and dysfunctional behavior [J]. *Journal of Accounting Research*, 1983, (21): 596 ~ 605.

五、国家知识产权战略绩效评估的时间点和结果运用

国家知识产权战略绩效评估时间点的选取与国家知识产权战略周期、国家知识产权战略影响周期密切相关。国家知识产权战略周期是指国家知识产权战略经制定、实施、评估、调整、终结五个阶段后形成的一个完整区间。国家知识产权战略影响周期是指战略在执行、实施后对相关目标群体产生作用的时间长度。国家知识产权战略出台后，有一个宣传、消化、吸收的过程，所以战略真正发挥作用往往存在一个时滞问题。因此，国家知识产权战略绩效评估的指标设计必须与战略实施周期相联系。

国家知识产权战略实施绩效评估是一种主观评估指标和客观评估指标相结合的复杂的评价过程，所以评估结果难免存在误差。所谓国家知识产权战略评估误差是指评估结果与国家知识产权战略的实际实施效果之间的差距，反映了评估结果的不准确程度。为了保证战略绩效评估结果的真实性和可靠性，评估主体要从评估方法、评估主体自身、评估程序等方面找出可能出现误差的原因。虽然误差不能消除，但是可以通过一定的措施尽可能减少。应该认真分析误差属于系统误差，还是属于人为误差。如果是系统误差，就必须找出误差值的范围，进行必要的修正；如果是人为误差，不但要尽量减少这种误差，而且要追究相关人员的责任，从而使战略绩效评估准确化、规范化和科学化，为提高战略绩效评估的信度与效度奠定基础。

国家知识产权战略实施绩效评估结果有助于政府发现战略实施中存在的问题，为进一步完善和发展战略提供依据，所以国家知识产权战略绩效评估结果的运用是战略绩效评估不可缺少的重要环节。一般而言，国家知识产权战略绩效评估结果的运用主要包括以下 3 个方面：一是战略管理部门或组织部门可以将其作为对被评估部门绩效考核或者对责任人进行奖惩的参考依据；二是被评估部门

可以通过评估结果发现问题、提高工作效率；三是社会公众可以将评估结果作为加强社会舆论监督的依据。需要特别指出的是，因为战略绩效评估需要收集大量的相关数据，而这些数据中相当一部分是由被评估部门提供，且评估结果往往与被评估部门利益相联系。如果评估结果的运用方式与他们的利益相冲突，他们可能会提交不够准确的数据，甚至故意造假，所以应该将国家知识产权战略绩效评估法制化，对于数据不准甚至故意造假的情况，应该追究相关人员的责任，甚至是法律责任。

六、提高国家知识产权战略绩效评估效率的建议

国家知识产权战略将在未来较长一段时间内指导我国知识产权事业的发展，因此，提高国家知识产权战略绩效评估效率，积极推进国家知识产权战略的有效实施，对构建创新型国家具有重要意义。为了提高国家知识产权战略绩效评估效率，本文建议做好以下几方面的工作：（1）强化国家知识产权战略绩效评估意识。国家知识产权战略制定者应该深刻认识到，战略绩效评估是战略实施的重要环节，评估的最终目的是实现战略科学化和制度化，减少战略失误和实施难度，提高战略实施效率。（2）加强国家知识产权战略绩效评估基本理论的研究。没有扎实的基本理论做支撑，评估实践不可能取得有效的成果。目前我国在国家知识产权战略绩效评估理论方面还很薄弱，需要特别重视这方面的研究。（3）建立专门的国家知识产权战略绩效评估机构。战略绩效评估机构是进行有效评估的组织保障，评估机构的构成、性质和权利范围在一定程度上决定着评估结果的信度和效度。为了使评估取得更好的效果，不仅要建立官方的战略评估机构，还可以建立非官方的、独立的战略绩效评估机构，并积极探索评估机构对评估结果的最佳使用模式。（4）完善国家知识产权战略绩效评估信息网络管理系统。信息既是制定战略的基础，也是战略评估的依托。应建立覆盖全社会的快

速信息反馈网络，最大限度地实现战略制定者、战略评估组织和战略实施者之间的有效沟通，最大限度避免信息的截留和失真。(5) 探索科学的国家知识产权战略绩效评估方法和评估指标体系。国家知识产权战略是一种非常特殊的评估客体，与一般客体相比，评估方法和评估指标体系具有较高的要求。我们应该借鉴国外相关的评估方法，或者国内外不同评估领域现有的、已经证明是有效的评估方法，同时尽量完善战略的评估指标体系，合理分配指标权重。(6) 重视国家知识产权战略评估结果的消化、吸收和运用。战略评估结果不仅是对战略实施效果优劣的判断，而且是完善下一步工作的重要依据。要特别注意评估结果的使用方式，如果使用不当，会给以后的评估活动带来困难。

第 4 题

公共政策评估基本问题研究综述*

【摘要】随着我国政治体制改革的逐渐深入和公共政策理论的不断完善，深化公共政策评估研究已经刻不容缓。本文对公共政策评估的基本问题，即对什么是公共政策评估、为什么进行评估、评估有什么意义、用什么标准评估、谁来评估、如何评估、哪些因素制约评估、我国公共政策评估存在哪些问题、如何应对这些问题等进行了综述。

公共政策评估❶是一个新兴的研究领域，其理论研究始于20世纪30年代，直到20世纪50年代后期，社会科学方法才开始在公共政策评估方面出现小规模的应用。20世纪60年代，美国政府干预政策推动了公共政策评估的快速发展。随着我国政治体制改革的推进，公共政策评估将成为各级政府必须面对的问题，与此相应也必将促进我国公共政策评估理论的发展。不过，目前我国公共政策评估的理论研究和实践都处于初级阶段，评估中还存在一系列的问题。因此，对什么是公共政策评估、为什么进行评估、评估有什么意义、用什么标准评估、谁来评估、如何评估、哪些因素制约评

* 本文原发表于《理论前沿》2008年第8期，有较大修改。

❶ 本文对“公共政策评估”和“公共政策评价”，统称为“公共政策评估”。

估、我国公共政策评估存在哪些问题、如何应对这些问题等进行综述具有非常重要的理论意义和现实意义。

一、公共政策评估的内涵及其意义

公共政策是指特定主体对社会公共资源进行权威性分配的过程。它由政策制定、政策执行和政策评估三部分构成。

关于公共政策评估的内涵，学者从不同的角度进行了阐述。张国庆认为，公共政策评估是根据某些特定标准判断一项公共政策是否具有价值或有什么价值的过程。[1] 陈振明认为，公共政策评估是依据一定的标准和程序，对政策的效益、效率及价值进行判断的一种政治行为，目的在于取得有关这些方面的信息，作为决定政策变化、政策改进和制定新政策的依据[2]。林水波和张世贤认为，公共政策评估是系统地应用各种社会研究程序，收集有关资讯，用以论断政策概念与设计是否周全完整，知悉政策实际执行情形、遭遇的困难，有无偏离既定的政策方向，并指明社会干预政策的效用。[3] 张金马认为公共政策评估就是对政策的效果进行研究[4]。陈庆云认为公共政策评估实际上是一种价值判断，而要进行价值判断，就必须建立价值准则即评估标准，确立评估的步骤，采取正确的方法[5]。竺乾威认为，传统的政策科学研究将重点放在政策制定环节上，认为公共政策的根本问题是对政策制定系统的改进；当代政策科学将公共政策视为包括政策制定、执行、评估和调整的系统，重

---

[1] 张国庆：《现代公共政策导论》，北京大学出版社 1997 年版。

[2] 陈振明：《政策科学：公共政策分析导论》，中国人民大学出版社 2003 年版。

[3] 林水波、张世贤：《公共政策》，五南图书出版社公司 1995 年版。

[4] 张金马：《政策科学导论》，中国人民大学出版社 1992 年版。

[5] 陈庆云等：《现代公共政策概论》，经济科学出版社 2004 年版。

视对包括政策评估在内的政策科学的各个环节的研究。❶

刘嘉音、臧忠鸣、潘旭山等认为，公共政策的范围可限定在政府的重大政策、决策、法律、法规、规章、政府发文、政府会议决定的相关事项等，主要涉及经济调控、社会管理和服务、城市建设、政府自身建设等方面，而且除表彰类、任免类、机构设立、调整类、政府内部工作规范、法律、法规、规章的废止、部门日常性工作外，一般的公共政策都需要进行评估。他们还认为，在当前政府资源有限的情况下，并非所有需要评估的公共政策都评估，而是对具有以下特点的政策进行重点评估：(1) 解决人民群众最关心、最直接、最现实的利益问题的公共政策；(2) 政策的目标明确并能进行量化的公共政策；(3) 有明确时间节点的公共政策；(4) 对政治、经济、社会、文化全局产生重大影响的公共政策。❷

有关政策评估的对象，学术界存在很多歧义，其焦点在于政策评估究竟是以政策结果还是以政策方案作为评估的对象。

关于公共政策评估的意义，也有学者阐述了各自的看法。李静芳认为，对公共政策进行可信的评估是政府决策的重要依据，对公共政策进行评估具有重要的意义。首先，政策评估是检验政策效益和效果的基本途径。政策评估就是在大量收集政策实际执行效果和效益信息的基础上，运用科学方法分析判断政策是否实现了预期目标，在多大程度上实现了预期目标，政策所产生的社会效益、经济效益、生态效益如何。其次，政策评估是决定政策走向的依据。一项政策的制定往往是决策者依据有限信息，凭借相关技术和方法对本来情况所作的判断，其假设成分太多，确定性因素太少，难以正确驾驭。因此必须根据政策实际执行状况的评估来决定该项政策是

---

❶ 竺乾威：《公共管理简明读本》，复旦大学出版社 2003 年版，第 152 页。

❷ 刘嘉音、臧忠鸣、潘旭山等："中国公共政策评估理论的基本问题研究"，载《科学与管理》2007 年第 3 期，第 29 ~ 33 页。

延续，还是修改调整、废止，或者另选新政策。再次，政策评估是改善执行不力，提高行政效率的重要保障。通过政策执行过程的评估，能够及时发现执行中存在的问题，迅速加以纠正，可以有效地监督、预防执行机关怠于执行、执行走样，保证政策被正确贯彻实施，促进行政效率的提高。最后，政策评估还是实现决策科学化、民主化的必由之路。❶

王波认为，公共政策评估可以诊断政策效果，判断政策对既定目标或目的的实现程度；作为决定政策继续、调整或重新制定的重要依据；能有效地检测政策效率和效益，为合理配置政策资源奠定基础；促进政策科学化和民主化。❷

二、公共政策目的和评估标准

公共政策的目的是公共政策评估的灵魂，公共政策评估的目标就是看公共政策实行后是否达到了其预期目的。所以，公共政策的目的决定了公共政策评估的方法、主体、评价标准等一系列政策评估的基本问题。

刘嘉音、臧忠鸣、潘旭山等认为，公共政策目的可分为终极目的、次级目的和具体措施三个层次。终极目的包括4种基本类型：(1) 伦理目的，亦是道德目的，即政策制定与执行的价值判断，显示了公共政策制定者和执行者的价值追求，也显示了政策的终极关怀，是公共政策目的的最高层次；(2) 政治目的，即政策制定与执行所追求的政治目标，更大限度体现了执政党的执政目的，具体表现为是否符合人民群众的根本利益；(3) 经济目的，即政策

❶ 李静芳："当前我国地方公共政策评估现状与对策"，载《江西行政学院学报》2001年第4期，第18~21页。

❷ 王波："公共政策评估：意义、困难和对策"，载《山西经济管理干部学院学报》2003年第3期，第33~36页。

制订与执行中的成本效益分析，具体表现为政策所追求的目的和效果是否支付了相对应的成本，是成本大于效益还是效益大于成本；(4) 社会目的，即政策制定与执行的社会效益分析，与经济目的相对应。次极目的，即促进经济发展、维护社会稳定、调节社会分配、改善城市环境、提高生活水平、加强政府自身建设等。具体措施包括：(1) 抑制类措施：对有关事项明确禁止或抑制的相关措施；(2) 促进类措施：对有关事项明确进行鼓励或促进的相关措施；(3) 建设类措施：涉及城市发展建设等相关的措施，如城市道路建设、城市绿化、环境保护等；(4) 规范类措施：对某一行业或领域加强管理，进行规范的相关措施；(5) 规划、计划类措施：对某一行业或领域的长远规划及相关计划的相关措施；(6) 分配类措施：如调整个税率、增加低收入人群福利保障、扶贫工程等具体措施。必须指出的是，为了提高公共政策评估的可操作性，应尽可能地对公共政策的次级目的和措施进行量化。[1]

公共政策评估标准是指依据政策目标设立的可供比较的指标或准则，是开展公共政策评估的依据、前提和逻辑起点。国内外学者从不同角度，对公共政策评估标准提出了不同的观点。E. A. Suchman 提出的标准：工作量（effort）或投入的多寡、绩效（performance）、绩效的充分性（adequacy of performance）、效率和过程。W. N. Dunn 提出的标准：效能、效率、充分性、公平性、回应程度、妥当性。[2] 杰弗里·维克斯提出的标准：(1) 保持动态平衡的功能（这种平衡不仅必须全面保持，它的暂时性波动也必须保持在该系统的弹性可以容纳的限度之内）；(2) 优化自我保护功

[1] 刘嘉音、臧忠鸣、潘旭山等："中国公共政策评估理论的基本问题研究"，载《科学与管理》2007 年第 3 期，第 29～33 页。

[2] 林水波、张世贤：《公共政策》，五南图书出版有限公司 1999 年版。

能；(3) 使资源流动最大化的功能；(4) 优化功能性绩效的功能❶。邓恩将公共政策评估标准分为：效果、效率、充足性、公平性、回应性和适宜性❷。张国庆提出了政策评估的首要标准和次要标准的概念❸。林水波认为一般性政策评估标准应包括：(1) 工作量（或称投入量）；(2) 绩效（涵盖产出量、效能及影响程度）；(3) 效率；(4) 生产力（productivity）；(5) 充分性；(6) 公平性；(7) 妥当性；(8) 回应程度；(9) 过程；(10) 社会指标❹。陈振明认为，政策评估标准有：生产力标准、效益标准、效率标准、公正标准和政策回应度❺。吴勇将公共的评估标准分为：目标标准、投入标准、公平公正标准、效率标准、公民参与标准和回应政策程度标准。❻ 陈捷等认为，生产力标准涵盖和统帅了公共政策评估的其他标准，如绩效标准、效率标准、回应度标准，并且强调以生产力标准为导向，能够提升公共机构与公共政策的生产力水平。❼ 郭渐强等认为科学发展观标准不仅内在地包含绩效标准、效率标准、效能标准、效益标准等事实标准，而且更强调了社会公正、以人为本、社会可持续发展等最基本的价值标准，符合首要标准要将事实标准和价值标准结合起来的内涵。❽

---

❶ 维克斯：《判断的艺术：政策制定研究》，中国青年出版社2004年版。

❷ 邓恩：《公共政策分析导论》，中国人民大学出版社2002年第2版。

❸ 张国庆：《现代公共政策学导论》，北京大学出版社1997年版。

❹ 林水波，张世贤：《公共政策》，五南图书出版有限公司1999年版。

❺ 陈振明：《政策科学》，中国人民大学出版社1998年版。

❻ 吴勇："公共政策评估标准初探"，载《科技管理研究》2007年第3期，第28~31页。

❼ 陈捷等："公共政策评估的生产力标准初探"，载《福建行政学院福建经济管理干部学院学报》2003年第2期。

❽ 郭渐强等："科学发展观——我国公共政策评估的首要标准"，载《行政与法》2006年第5期。

韦唐（Vedunt）将公共政策评估的模式分为3类：效果模式（effectiveness models）、经济模式（economic models）和职业化模式（professional models）❶。

三、公共政策评估的主体、方法和指标

公共政策评估主体就是直接或间接地参与公共政策评估过程的个人、团体或组织。高富锋认为我国公共政策评估主体存在如下的缺陷：（1）公共政策评估主体单一。现阶段我国的公共政策评估主体以官方为主，缺乏社会组织和社会公众的参与。（2）公共政策评估主体缺乏独立性。上级评估下级的方式造成公共政策评估主体和被评估对象有着千丝万缕的联系，这使得评估主体在公共政策评估过程中难以保持其科学性和客观性。（3）评估参与主体的象征性。有些地方政府在公共政策评估中非常重视社会组织和公众的代表参与，但是由于参与公共政策评估过程的社会组织和公众代表产生方式不尽合理，导致评估参与主体的代表性和广泛性有欠缺。（4）评估过程中不同参与主体的信息不对称。政府应该把公共政策制定的目的、规则、标准、实施状况等因素依据国家法律、法规和政策予以公开，使公共政策评估参与主体在评估前可以从有关部门获取评估对象全面、真实的信息，使他们能够结合自身的切身体验以及被代表公众的信息汇总，做出科学、客观的评价。但是有些政府部门在公共政策评估的过程中，基于自身的利益而提供虚假的信息，或者出于政治性策略的考虑有意歪曲实际效果，使得公共政策评估参与主体在评估过程中难以发挥作用。❷

❶ Evert. Vedung. *Public Policy and Program Evaluation*. Transaction Publishers, Feb, 2000.

❷ 高富锋："公共政策评估主体的缺陷及对策分析"，载《求实》2004年第11期，第27~28页。

赵勇和李敏就公共政策评估主体多元性的必要性、主体结构及其运作影响因素进行了分析。他们认为，公共政策的公共性、民主性和公正性必然要求其评估主体的多元性；公共组织内部评估主体和来自外部的评估主体构成公共政策评估主体的多元结构❶；公共政策评估多元主体运作的影响因素有行政的信任程度（administrative confidence）、评估者的独立自主性（autonomy）、客观性（objectivity）、评估者对方案的了解状况（understanding of the program）、政策评估的效率和效益（effective and efficiency of evaluation）、评估结果的潜在实用性（potential for utilization）等。❷

高洁认为，公共政策评估主体性原则包括：（1）利益相关原则；（2）多元化原则；（3）独立性原则；（4）专业化原则；（5）公开公平原则；（6）代表性原则。❸

关于公共政策的评估方法，也有不同的观点。刘进才认为，公共政策的评估面临方法选择上的困难。这是因为利益的多元性导致不同利益群体愿意采用有利于自己的表达方式来对公共政策实施效果进行评判，这样就出现方法选择上的"紊乱（chaos）"，不利于真实地反映政策效果。在这种情况下，有人认为借助现代数学中的模糊分析方法，建立科学、合理的指标体系和评估模型，定量分析公共政策的实施效果，可以为解决此项难题（评估方法选择上的

---

❶ 这里的公共组织内部主体包括立法机关，政策制定者的上级，公共政策制定者本身，与公共政策制定机构平行的相关部门以及具体负责公共政策执行的相关部门等。来自外部的评估主体包括独立的公共政策评估研究系统，一般公众（general public）和关注民众（attentive public）等。

❷ 赵勇、李敏："试析公共政策评估主体的多元性"，载《上海行政学院学报》2005 年第 6 期，第 41 ~47 页。

❸ 高洁："公共政策评估主体性原则思考"，载《理论探索》2007 年第 3 期，第 127 ~128 页。

困难）提出切实可行的途径❶。余向荣认为社会实验方法能够为公共政策提供可信的评估，并且提出将实验方法和计量方法更加紧密地结合起来使用得到的评估结果往往比单纯使用一种方法更加理想、接近真实。❷

关于公共政策评估指标，美国和法国学者表达了自己的观点。2003 年 9 月美国政府颁布的《政策规定绩效分析》❸主要涉及三方面的问题。首先是对制定公共政策必要性的评估。主要评估指标为：（1）项目目的是否清楚；（2）项目的设计是否为了解决特定的事件、问题、需求；（3）该项目的设计对于解决特定的事件、问题、需求是否有重要影响；（4）在解决特定的事件、问题、需求时，该项目是否有独一无二的作用；（5）对于解决这些事件、问题、需求等，该项目的设计是否最理想。❹其次是对公共政策选择的评估。主要评估指标为：（1）生效日期的选择；（2）执行过程中监督手段的选择；（3）作用对象的差异性对于公共政策本身的影响；（4）实施的地域差异性；（5）优选市场导向而非直接政府干预。再次是公共政策绩效的分析。❺

法国国家审计法院对公共政策进行评估设计了 5 个方面的指标：（1）是否设定工作目标；（2）是否有达到目标的具体指标；

❶ 刘进才："公共政策评估的模糊数学方法"，载《中共中央党校学报》2001 年第 1 期。

❷ 余向荣："公共政策评估的社会实验方法：理论综述"，载《经济评论》2006 年第 2 期。

❸ 财政部财政科学研究所《绩效预算》课题组：《美国政府绩效评价体系》，经济管理出版社 2004 年版，第 367 ~ 412 页。

❹ 美国联邦政府管理及预算办公室：2004 财年预算文件，"Instructions for PART Worksheets"［EB/OL］.（http://www.whitehouse.gov/omb/budget/fy2004/pma/Instructions.pdf）.

❺ 马朝琦、雷晓康："美国公共政策绩效评估方法及借鉴"，载《西北农林科技大学学报（社会科学版）》2006 年第 5 期，第 80 ~ 85 页。

(3) 是否有一个计算机信息系统；(4) 行政行为是否合法，且具有一定的灵活性；(5) 是否合理使用达到目标的资源条件。评估的一般步骤包括：(1) 评估项目的前期论证阶段，即评估机构根据被评估项目的原始资料，论证是否有能力承担某项任务，然后建立评估组织和聘请专家；(2) 基础准备阶段，即评估组织制定评估方案，根据评估需要设计详细的调研提纲，制定相应的评估指标，选择指标处理方法；(3) 资料收集阶段，即根据评估方案和调研提纲，尽可能具体、准确地收集各方面的数据和资料；(4) 分析整理资料阶段，即对收集到的数据资料归纳整理和统计分析；(5) 综合汇总阶段，即专家根据分析后的数据资料起草评估报告后，根据具体情况决定是否公布。❶

关于公共政策的评估时点，刘嘉音、臧忠鸣和潘旭山等认为，公共政策评估时点的选取与公共政策周期、公共政策影响周期密切相关。公共政策周期是指公共政策经制定、执行、评估、监控、终结几个阶段后形成的一个完整周期。公共政策影响周期是指一个政策在执行、实施后对相关目标群体影响的时间，一般是从政策的出台开始，到政策的终止结束。需要指出的是，公共政策出台并不意味着政策起效。公共政策出台后，有一个宣传、消化、吸收的过程。在选取公共政策评估的时点时要注意，公共政策评估的重点是公共政策执行的效果，由于不同的公共政策起效周期不同，政策从出台实施后，真正落地、发挥作用、产生效果的时点也就不一致，导致不同公共政策的评估时点选取也不一致。❷

---

❶ 奚长兴："对法国公共政策评估的初步探讨"，载《国家行政学院学报》2005 年第 6 期，第 85 ~ 88 页。

❷ 刘嘉音、臧忠鸣、潘旭山等："中国公共政策评估理论的基本问题研究"，载《科学与管理》2007 年第 3 期，第 29 ~ 33 页。

四、我国公共政策评估存在的问题及其对策

王波认为，公共政策本身、公共政策评估主体和国家对公共政策评估重视程度是制约公共政策评估的主要因素：（1）公共政策评估理论不完善。与欧美等西方国家相比，我国政策科学起步比较晚，政策评估理论还不很成熟；（2）公共政策目标的模糊性和多变性。公共政策评估是考察、检验政策执行是否达成了预定的目标或达成目标的程度，但公共政策目标并不总是清晰的，许多公共政策目标具有多重性，而且很难量化。而且政策目标在执行过程中可能因客观环境的变化或政策制定者意志的改变而发生变更；（3）公共政策本身影响的多重性。一项政策实施后，其影响往往涉及社会生活的许多方面，既有积极的影响，也有消极的影响；既包括短期影响，也包括长期影响。各种影响因素也难以用一个计量标准来衡量，有些影响因素难以测定，甚至无法测定；（4）公共政策的协同性。公共政策很少是孤立实施的，通常有多项政策同时被执行，同时发挥作用。这就导致了公共政策资源的混合和重叠。在评估实践中很难分清某项政策的实际效果和影响力；（5）体现政策运行及其效果信息管理机制的不完善性。目前我国政策信息管理体制和机制还不够健全，使得相关资料不完整，统计数据不准确，使得公共政策评估者难以获得精确的信息；（6）国家对公共政策评估重视不够。国家对公共政策评估投入和对评估结论不重视使得评估结论缺乏影响力，导致公共政策评估活动难以发挥其应有的作用。❶

李静芳认为，我国公共政策评估存在的问题包括以下4个方面：（1）缺乏正式的公共政策评估组织。当前中国政策过程的一

---

❶ 王波："公共政策评估：意义、困难和对策"，载《山西经济管理干部学院学报》2003年第3期，第33~36页。

个显著特点是行政的双轨结构功能系统[1]，即从中央到地方的各级党委与各级人民政府，中央设有中共中央政策研究室、国务院发展研究中心、国务院国际问题研究中心，各级地方党委和政府的政策研究室。但是这些机构仅代表官方的政策研究机构，不属于正式的政策评估机构。而其他独立的第三方政策评估机构较少。（2）缺乏正确的政策评估机制。由于没有建立科学的公共政策评估机制，导致评估工作主观随意性很大，评价目的和动机不当往往使得政策评估没有真正发挥效能。（3）缺少正确的评价标准和评价方法。（4）忽视了公众对公共政策评估的重要作用。[2]

学者们针对公共政策评估存在的问题提出了相应的对策，概括起来有以下几方面。（1）强化公共政策评估意识。要让决策者深刻认识到，政策评估的最终目的是实现决策科学化和民主化，减少政策失误和执行阻力，提高行政效率。（2）加强公共政策评价理论研究。没有扎实的基本理论做支撑，评估实践不可能取得有效成果。（3）建立公共政策评估组织。公共政策评估组织是进行有效评价的组织保障，不仅要在党政系统内部建立政策评估组织，而且还要建立政策评估的非政府组织。（4）完善政策评估信息网络系统。信息既是决策的基础，也是评估的依托。应建立覆盖全社会的快速信息反馈网络，最大限度地实现决策中心、评估组织和公众之间的有效沟通，最大限度地避免信息截留、失真。（5）探索科学的公共政策评估方法和指标体系。（6）实现公共政策评估的制度化。（7）要建立政策评估基金。（8）要重视评估结论，消化、吸收评估成果。

---

❶ 胡伟：《政府过程》，浙江人民出版社 1998 年版。

❷ 李静芳：“当前我国地方公共政策评估现状与对策”，载《江西行政学院学报》2001 年第 4 期，第 18～21 页。

五、结 语

随着我国政治体制改革的逐渐深入和公共政策理论的不断完善，公共政策评估的研究也逐渐成为学者关注的重点。本文通过对公共政策评估基本问题的研究综述，得出结论：我国公共政策评估理论和实践都处于初始阶段，在取得一定成绩的同时，还存在不少问题，具体表现在以下方面：首先，是公共政策评估的内涵和对评估意义的认识有待深化；其次，公共政策的目的需要进一步明确，评价标准需要规范；再次是公共政策评估主体缺乏多元化，评估方法简单，指标体系尚未形成；再次是公共政策作用的协同性、评估目标的模糊性和多变性、政府对公共政策评估的重视程度等因素制约了评估活动的效果。最后，是我国政府应该采取强化意识、提升理论研究、建立组织、完善信息管理系统、探索科学的评估方法和指标体系、实现评估制度化等措施，促进公共政策评估事业的发展。

第 5 题

我国政府绩效评估基本问题研究综述

【摘要】 建立和完善政府绩效管理体系是深化行政管理体制改革的主要任务之一。本文对政府绩效评估的基本问题，即什么是政府绩效评估、为什么要对政府绩效进行评估、由谁来评估、依据什么评估、怎么评估、评估结果如何运用、中国政府绩效评估存在哪些问题、如何解决等问题进行了较为全面的综述，以期为建立和完善政府绩效管理体系提供参考。

政府绩效评估是政府管理创新的一部分，关系到政府职能和运行机制的转变。对政府绩效进行客观、全面的评估，有利于提升政府的管理能力，提升管理水平，提高政府效能；有助于法治政府、责任政府、服务政府、效能政府的建设，可以进一步提高政府的行政能力，为经济社会发展注入新的活力和持久动力。[1] 近年来，我国学者对政府绩效评估进行了大量研究，主要集中在以下 4 个方面：一是什么是政府绩效评估、为什么要对政府绩效进行评估？即政府绩效评估的内涵、目的和价值；二是由谁来评估、依据什么评估？即评估的主体、原则和指标体系；三是怎么评、评估结果如何运用？即评估方法和评估结果的运用；四是中国政府绩效评估存在

[1] 张定安：“关于全面推进政府绩效评估工作的思考”，载《中国行政管理》2007 年第 10 期。

哪些问题、如何解决？即存在的问题及其对策。本文拟对上述问题的相关文献进行梳理，以期为建立和完善政府绩效管理体系提供参考。

一、政府绩效评估及其价值

关于政府绩效评估的含义和价值等问题，学者或者组织进行了较为深入的研究。

刘长木在其博士论文中认为，政府绩效评估是一些特定评估活动的总称，以政府战略和目标为引导，以制度安排框架为基础，选择政府的项目、服务和操作活动，并在投入、产出、结果和经济、效率、效力、质量、公平等方面设置指标与标准，然后借助于这些指标与标准，来评定政府活动的绩效，以促进政府行政的持续改进。❶ 蔡立辉认为政府绩效评估就是根据管理的效率、能力、服务质量、公共责任和社会公众满意程度等方面的判断，对政府公共部门管理过程中的投入、产出、中期成果和最终成果所反映的绩效进行评定和划分等级，是效率逻辑与公共责任逻辑两方面的统一。❷ 周凯认为，政府绩效评估正是对政府行为进行核查与监督的一种组织控制系统与社会控制系统，它既是对政府施政行为活动的评价，又是一种管理和监控工具，也是运用该工具进行核查与监督的过程。❸ 中国行政管理学会联合课题组认为，政府绩效评估是政府机关运用科学的方法、标准和程序，对政府机关的业绩、成就和实际

---

❶ 刘长木：《论美国政府绩效评估制度》，2004 年吉林大学博士论文，第 12 页。

❷ 蔡立辉："政府绩效评估的理念与分析方法"，载《中国人民大学学报》2002 年第 5 期。

❸ 周凯：《美国政府绩效评估制度研究》，2006 年中共中央党校博士学位论文，第 20 页。

工作做出尽可能准确的评价，在此基础上对政府绩效进行改善和提高。[1]

政府绩效评估的目的之一是为了提高政府服务质量，这一目的同时也反映了政府绩效评估的价值。马宝成认为，政府绩效评估应该以增长与公平、民主与秩序这两对变量为价值取向。[2] 徐邦友分析了政府绩效评估的新价值取向——满意原则。[3] 臧乃康认为政府绩效评估的价值包括顾客至上、公共责任、投入产出。[4] 李文艳、陈通依据增长、公平、民主、稳定、自由和进步等政府绩效的基本价值取向，认为衡量政府绩效的标准主要有6个方面，即经济性、公平性、稳定性、公开性、开放性和政策回应性。[5] 彭国甫认为，价值取向是政府绩效评估之魂。[6] 薄贵利认为政府绩效评估的价值导向直接影响到政府的运行方向和工作重点，也直接关系到政府绩效评估的内容、范围和重点，关系到政府绩效评估的成败。[7]

学者或者组织还对政府绩效评估功能、主题、类型和系统进行了研究。中国行政管理学会课题组认为，政府绩效评估具有计划辅助、预测判断、监控支持、激励约束和资源优化等多项功能，通过

[1] 中国行政管理学会联合课题组："关于政府机关工作效率标准的研究报告"，载《中国行政管理》2003年第3期。

[2] 马宝成："试论政府绩效评估的价值取向"，载《中国行政管理》2001年第5期。

[3] 徐邦友："试析政府绩效评估的新取向"，载《中共浙江省委党校学报》2000年第3期。

[4] 臧乃康："政府绩效评估价值及其实现"，载《武汉大学学报（哲学社会科学版）》2005年第6期。

[5] 李文艳，陈通："政府绩效评估的价值取向及我国政府绩效评估的完善"，载《唯实》2004年第6期。

[6] 彭国甫："价值取向是地方政府绩效评估的深层结构"，载《中国行政管理》2004年第7期。

[7] 薄贵利："政府绩效评估必须确立正确的价值导向"，载《国家行政学院学报》2007年第3期。

评估绩效，改进激励机制、竞争机制、监督机制、责任机制。[1] 卓越认为，政府绩效评估的主题可以分为3类，即经济、效率、效果型；经济、效率、效果和质量型；经济、效率、效果、质量和公平、责任、回应型。[2] 中国行政管理学会联合课题组认为，我国政府绩效评估的类型主要包括普适性政府机关绩效评估、具体行业的组织绩效评估和专项绩效评估。[3] 杨寅、黄萍认为，政府绩效评估类型可以划分为：政府机关或部门自我评估、上级评估、党的组织部门和权力机关主持的评估、行政管理和服务对象的评估、社会舆论的评估和专家评估等。[4] 胡淑晶认为政府绩效评估系统包括绩效目标系统、政府绩效评估标准系统、绩效比较系统、信息资料的收集系统、绩效考核系统和绩效反馈系统。[5] 臧乃康认为政府绩效评估系统应包括绩效目标系统、绩效比较系统、绩效测定系统、绩效分析系统。[6]

综上所述，我国政府绩效评估研究，在含义方面以评价结果为导向，同时强调指标选取和评估方法、标准和程序的科学性；在价值方面突出经济、民主、公平、稳定、公开、责任和政策回应；在主题方面重视经济、效率、效果；在类型上注重主体的层次性；在

---

[1] 中国行政管理学会课题组："政府部门绩效评估研究报告"，载《中国行政管理》2006年第5期。

[2] 卓越："政府绩效评估的模式构建"，载《政治学研究》2005年第2期。

[3] 中国行政管理学会联合课题组："关于政府机关工作效率标准的研究报告"，载《中国行政管理》2003年第3期。

[4] 杨寅、黄萍："政府绩效评估的法律制度构建"，载《现代法学》2004年第6期。

[5] 胡淑晶：《政府绩效评估的理论和方法》，载《甘肃社会科学》2005年第6期。

[6] 臧乃康："政府绩效评估价值及其实现"，载《武汉大学学报（哲学社会科学版）》2005年第6期。

系统方面突出科学性和全面性。

二、政府绩效评估的主体、指标确定原则和指标体系

政府绩效评估主体是指设计与主持评估活动的机构或者组织。确定绩效评估主体是绩效评估其他环节的基础。吴绍琪、冉景亮认为，绩效评估主体的构成决定了绩效评估系统其他环节的选择，所以要保障绩效评估的信度与效度，首先要保证评估主体的科学全面。❶ 不少学者认为我国政府绩效评估主体应该多元化❷，但不同学者对评估主体类型划分有所不同。邱法宗、张霁星较为详细地论述了地方政府绩效评估主体的分类、属性和构成：（1）政府内部子系统，侧重于客观性评价，包括政府内部的上级部门、下级部门、有关职能部门等；（2）社会评价子系统，侧重于主观性评价，包括普通公民、社会组织、人大代表、政协委员等；（3）独立、中立的评价组织，侧重于独立、中立、客观的专业性评价，包括专家型、专业型人员；（4）评价管理子系统，主要功能在于评价管理，包括从有关政府部门抽调人员成立非常设组织，或挂在特定政府部门或政府授权的“独立评价组织”；（5）评价决策子系统，侧重于对政府绩效评价大问题做出决定，包括省、地、县党委和（或）同级人民政府。❸ 杨寅、黄萍则认为评估主体包括政府自身、上级机关、公众和专家。❹ 卓越认为我国政府绩效评估主体的设置

---

❶ 吴绍琪、冉景亮：“政府绩效评估主体的研究”，载《软科学》2006年第6期。

❷ 卓越：“公共部门绩效评估的主体建构”，载《中国行政管理》2004年第5期。

❸ 邱法宗、张霁星：“关于地方政府绩效评估主体系统构建的几个问题”，载《中国行政管理》2007年第3期。

❹ 杨寅、黄萍：“政府绩效评估的法律制度构建”，载《现代法学》2004年第6期。

应该分两个阶段：第一阶段为过渡阶段，评估主体分别为政府、各级人民代表大会、各级政治协商会议、公民或者行政相对人；第二阶段为成熟阶段，评估主体为独立的绩效评估机构。❶

关于政府绩效评估指标确定原则，卓越认为，选取指标应该遵循下列原则：（1）内部指标和外部指标相结合；（2）数量指标和质量指标相结合；（3）肯定性指标与否定性指标相结合；（4）技术性指标与民主性指标相结合；（5）支出指标与回报指标相结合；（6）客观性指标与主观性指标相结合；（7）工作指标与业绩指标相结合；（8）行政成本指标与业务性指标相结合；（9）个体指标与团体指标相结合。❷ 中国政府绩效评估研究课题组则认为，指标确定原则包括：（1）战略性和科学性相结合；（2）突出重点与全面系统相结合；（3）相对性与统一性相结合；（4）动态与静态相结合；（5）定量指标与定性指标有机结合；（6）可比性和可操作性相结合。❸

关于政府绩效评估指标设计的基本方法，卓越认为主要用下列方法进行指标设计：（1）按照绩效要素结构进行；（2）运用关键指标进行；（3）运用标杆管理进行；（4）围绕专题进行；（5）按照管理的因果关系进行。❹ 马晓君尝试采用指标体系优选法构建指

---

❶ 韩燕晖、王晓薇："政府绩效评估体系的构建"，载《企业改革与管理》2005年第10期。

❷ 卓越："政府绩效评估的模式构建"，载《政治学研究》2005年第2期。

❸ 中华人民共和国人事部、中华人事科学研究院行政管理科学研究所、中国政府绩效评估研究课题组："中国政府绩效评估报告"，2002年，第47～50页。转引自周凯：《美国政府绩效评估制度研究》，2006年中共中央党校博士学位论文，第81页。

❹ 卓越："政府绩效评估指标设计的类型和方法"，载《中国行政管理》2007年第2期。

标体系、采用层次分析法确定指标体系权数的分配。❶

关于指标体系的设计，桑助来、张平平认为，要正确评价政府绩效，建立一套行之有效的评价指标体系是首要前提。❷ 2004年8月，人事部《中国政府绩效评估研究》课题组在总结国内外相关指标体系设计思想和方法技术的基础上，经过深入调查，并组织有关专家论证分析，提出了一套适用于我国地方政府绩效评估的指标体系。该体系共分3层，由职能指标、影响指标和潜力指标3个一级指标，11个二级指标以及33个三级指标构成，适用于全面系统地评估我国地方各级政府。该体系代表了我国当时在政府绩效指标体系研究方面的最高水平。

综上所述，我国政府绩效评估要求评估主体的多元化、指标确定原则的多维化、指标设置方法的科学化已经成为学者的共识。

三、政府绩效评估方法和评估结果的运用

政府绩效评估方法的改进是行政效率测定与评价科学化的关键。❸ 有学者将具体评估方法分为：实绩记录法、工作标准法、因素评定法、相互比较法、目标管理评价法、自由叙述或报告法、行为基础法。❹ 张小玲较为系统地介绍了美国通用的“三E”评价法、标杆管理法、平衡记分卡法三种政府绩效评估方法，并深入分析了这些方法的准则、指标设计的特征、评估程序与施政方法、运

---

❶ 马晓君：“政府绩效评估的方法体系评述”，载《统计教育》2006年第3期。

❷ 桑助来，张平平：“政府绩效评估体系浮出水面”，载《瞭望》2004年第23页。

❸ 荣仕星：《实用行政管理学》，中国人民大学出版社2004年版，第436～439页。

❹ ［中］张泰峰、［美］Eic Reader：《公共部门绩效管理》，郑州大学出版社2004年版，第5～8页。

用的背景及存在的问题。[1] 周凯在其博士论文中较为详细地介绍了4种评估方法:(1)"三E"评估方法,"三E"是指经济(Economy)、效率(Efficiency)与效果(Effectiveness);(2)"三D"评估方法,"三D"是指诊断(Diagnosis)、设计(Design)与发展(Development);(3)"APC"评估方法,"APC"是指问责(Accountability)、绩效(Performance)和组织能力(Capacity)。"APC"评估理论吸取了"三E"理论的优点,并增加了顾客满意度、适当性、社会影响和持续性等方面的内容,更适合非营利组织的绩效评估;[2] (4)360°绩效评估反馈。360°度评估反馈是指通过收集与受评者(主要是与管理者有密切工作关系的、来自不同层面的人员)的评估信息,全方位地评估反馈受评者的工作行为与表现的过程。[3] 另外,杨雪、刘武尝试运用模糊综合评价方法进行政府绩效评估。[4]

政府绩效评估结果的合理运用是评估的关键,对评估的每个环节具有非常重要的作用。中国政府绩效评估研究课题组的研究报告认为,政府绩效评估结果可以帮助政府发现工作中存在的问题,为上级部门的有关决策提供依据,具体包括以下4个方面:(1)对于监管部门,可以作为改善监管的手段,将事后监管变为日常监管;(2)对于上级部门或组织部门,可以作为对被评估部门责任人进行任免或奖惩的参考依据;(3)对于被评估部门,可以作为其发现问题、改进工作业绩的参考意见;(4)对于社会公众,通

---

[1] 张小玲:"国外政府绩效评估方法比较研究",载《软科学》2004年第5期。

[2] 邓国胜:"非营利组织'APC'评估理论",载《中国行政管理》2004年第10期。

[3] 周凯:《美国政府绩效评估制度研究》,2006年中共中央党校博士论文,第51~56页。

[4] 杨雪、刘武:"政府绩效评估中模糊综合评价方法的运用",载《长春理工大学学报(社会科学版)》2005年第10期。

过定期有选择地发布的评估结果可以作为加强社会舆论监督的手段。❶另外，杨寅、黄萍阐述了政府绩效评估结果的公开、比较、总结和奖惩以及将绩效评估与财政预算相结合等问题。❷

政府绩效评估结果难免存在误差。谢凌、吴绍琪认为，政府绩效评估的误差是指评估结果与政府绩效的真实值之间的差距，反映了因与评估目的无关的因素引起评估结果的不准确程度。同时越来越多的研究者开始关注绩效评估结果的真实性和可靠性，力图寻找出影响误差的种种因素，使政府绩效评估走上制度化、规范化和科学化的道路。在定性研究方面，范乃柏等从评估方法、评估主体、评估程序三因素的评估过程上分析了影响政府绩效评估结果准确性的原因；在定量研究方面，彭国甫等利用肯德尔系数法、克朗巴赫系数等元评估常用的定量分析方法和技术，来检测政府绩效评估的信度与效度，为判断、缩小并控制政府绩效评估偏差，提供了可行的理论基础和方法支持。❸

综上所述，我国政府绩效评估方法研究逐渐趋向科学，评估结果运用研究趋向合理，对评估结果误差的研究不断深入。

四、中国政府绩效评估存在的问题及对策

我国政府绩效评估存在不足是学者们的共识，但是学者对此阐述的角度有所不同。

周凯认为，目前我国在政府绩效评估领域从基本概念、作用程

---

❶ 中华人民共和国人事部，中华人事科学研究院行政管理科学研究所，中国政府绩效评估研究课题组：《中国政府绩效评估》，2002年版，第107～112页。

❷ 杨寅、黄萍："政府绩效评估的法律制度构建"，载《现代法学》2004年第6期。

❸ 谢凌、吴绍琪："我国政府绩效评估研究述评"，载《科技咨询导报》2007年第17期。

序、实施原则、实际操作过程以及综合使用等都没达成共识，而且由于缺乏系统性的研究和成熟的实践经验，学术界和政府及相关机构对于政府绩效评估的理论研究和实际应用还处于较浅层次范畴。❶ 张燕君认为中国政府绩效评估制度化、规范化程度还不够。政府绩效管理多处于自发和半自发状态，缺乏统一的规划和指导，评估的内容设计和评估模型构建等几乎都是基于政府本身需要而定，没有客观的衡量标准，更没有形成制度化。❷ 韩兴国、郭振中认为对评估结果的应用存在误区，维度体系不够健全，评估体制单一，评估内容和体系不够科学。❸ 马旭红认为我国政府绩效评估存在制度基础还不牢固、评估体系不科学和评估主体单一等问题。❹ 吴绍琪、冉景亮认为我国政府在绩效评估中存在 4 个方面的问题：一是政府对自身的绩效评估非常困难；二是绩效考核指标单一；三是评估主体单一，评估结果信度不高；四是我国政府管理的现状不利于开展有效的绩效评估。❺ 郭聪华认为我国政府绩效评估存在的问题有 3 个方面：一是评价主体缺位，即要么只重视自我评价、漠视社会评价和其他主体评价，要么只注重社会评价、而忽视自我评价或同体评价；二是指标在导向性、整体统一性和客观实在性方面

---

❶ 周凯：《美国政府绩效评估制度研究》，2006 年中共中央党校博士论文，第 138 页。

❷ 张燕君："美国公共部门绩效评估的实践及启示"，载《行政论坛》2004 年第 2 期。

❸ 韩兴国，郭振中："平衡记分卡——公共部门绩效评估的新方法"，载《辽宁行政学院学报》2005 年第 2 期。

❹ 马旭红："政府绩效评估存在的问题及对策分析"，载《理论探讨》2006 年第 6 期。

❺ 吴绍琪、冉景亮："政府绩效评估主体的研究"，载《软科学》2006 年第 6 期。

的扭曲；三是重视定性评价、忽视定量评价。❶ 胡宁生认为我国政府绩效评估存在的问题有5个方面：一是评估多处于自发状态，没有相应的制度和法律作保障，评估程序没有规范化，存在很大的随意性；二是缺乏系统理论指导，实践中具有盲目性；三是绩效评估主体缺乏"多元化"，实践中侧重于上级行政机关对下级的评估，缺乏政府内部的自身评估以及社会公众、中介组织和专业机构对政府的评估；四是评估内容不全面，没有建立科学的评估指标体系，片面地将经济业绩等同于政绩，将经济指标等同于政府绩效的评估指标；五是评估方法多为定性，较少采取定量方法，导致评估结果不够科学。❷ 曹茉莉认为我国政府绩效评估存在的问题有4个方面：一是尚未有专门的法规进行规范，使得政府绩效评估在某些时候被动应对；二是尚未建立起科学的评估指标体系；三是评估主体过于单一，直接损害了政府绩效评估的公允性；四是绩效评估行为的短期化和封闭化，评估方法的定性化也是当前政府绩效评估工作亟待解决的问题。❸ 另外，彭国甫认为评估指标的难确定性是导致政府绩效评估陷入困境的一个重要因素。❹ 中国政府绩效评估研究课题组认为，政府组织产出的难以数量化使得绩效评估有时难以进入实际性操作；信息采集、质量保证与评估技术也导致绩效评估的精度存在问题。❺

---

❶ 郭聪华："政府绩效评估及其困境"，载《辽宁行政学院学报》2005年第5期。

❷ 胡宁生：《中国政府形象战略（下册）》，中共中央党校出版社1998年版。

❸ 曹茉莉："我国政府绩效评估若干问题的探讨"，载《广西社会科学》2007年第1期。

❹ 彭国甫："对政府绩效评估几个基本问题的反思"，载《湘潭大学学报》2004年第3期。

❺ 中华人民共和国人事部、中华人事科学研究院行政管理科学研究所、中国政府绩效评估研究课题组：《中国政府绩效评估》，2002年版，第132～133页。

综合各位学者的观点，可以将我国政府绩效评估存在的问题概括为：评估理论不够系统、评估制度不够健全、评估主体缺乏多元化、评估内容/指标不够全面、评估方法不够科学、评估结果的运用有误区等。

针对我国政府绩效评估存在的问题，学者们也提出了各自的改进思路，❶❷❸ 概括起来有以下 6 个方面：一要夯实政府绩效评估基本理论研究；二要加速政府绩效管理的立法工作；三要建立评估主体的多元化制度，合理确定各主体在评估结果中的权重；四要完善政府绩效评估的指标体系；五要探究科学的评估方法；六要探索评估结果的运用方式。

另外，吴绍琪、冉景亮从强调公开和法定的视角，建议我国政府绩效评估：首先，要遵循公开原则，即保证评估主体公开、指标公开、标准公开以及结果公开；其次，要遵循法定原则，即整个绩效评估系统特别是评估主体、评估指标及标准、评估结果应用权重等通过法律法规确定。❹

为了进一步完善我国政府绩效评估制度，彭国甫指出了今后需要深化研究的主要问题。他认为以下 5 个问题需要深化研究：第一，政府绩效评估理论框架的构建和学理层面的阐释。该问题包括 4 个方面：(1) 要系统深入研究政府绩效评估的基础理论，从学理层面夯实政府绩效评估的理论基础；(2) 要研究和把握政府绩效评估理论体系的逻辑起点、中心线索和内部结构；(3) 要系统深入研究政府绩效评估的基本范畴、基本规律；(4) 要系统研究政

---

❶ 胡宁生：《中国政府形象战略》，中央党校出版社 1998 版。

❷ 李静芳："对地方政府绩效评估的价值取向分析"，载《行政论坛》2001 年第 5 期。

❸ 李燕凌："政府绩效管理障碍的制度分析"，载《重庆大学学报（社会科学版）》2002 年第 4 期。

❹ 吴绍琪、冉景亮："政府绩效评估主体的研究"，载《软科学》2006 年第 6 期。

府绩效评估的方法论。第二，基于科学发展观的政府绩效评估体系的构建与实施研究。第三，政府绩效评估的心理因素及其作用机制研究。在政府绩效评估过程中，评估主体和评估对象的心理时常会影响评估的进程和评估结论的科学性。第四，中国政府绩效评估的科学化、民主化、法制化研究。第五，特定政府层级、特定政府部门和特定政府管理项目绩效评估的研究。❶

五、结　语

政府绩效评估有助于转换我国政府管理的理念，树立服务行政的观念；有助于重新界定政府公共部门的职能；有助于转换我国政府的服务范式，建设电子政务和走向在线服务；有助于正确处理政府管理政治功能与管理功能的关系。❷ 本文通过综述我国政府绩效评估基本问题的研究文献，得出如下结论。首先，我国政府绩效评估是以结果为评价导向，强调指标选取和评估方法、标准和程序的科学性，并在经济、效率、效果等方面突出民主、公平、稳定、公开和政策回应等价值取向的不同层次的系统评估过程。其次，我国现有政府绩效评估存在评估理论不够系统、评估制度不够健全、评估主体不够多元化、评估内容/指标不够全面、评估方法不够科学、评估结果的运用存在误区等问题。再次，我国政府绩效评估要求评估理论系统化、评估主体多元化、指标确定原则多维化、指标设置全面化、评估方法科学化、评估结果运用合理化以及评估结果误差最小化。

❶ 彭国甫："中国政府绩效评估研究的现状及展望"，载《中国行政管理》2006年第11期。

❷ 朱火弟："政府绩效评估研究的意义"，载《经济研究参考》2004年第23期。

第二编

国家财政资助发明创造的知识产权

第 6 题

利用财政性资金形成科研成果的知识产权研究*

——兼论《科学技术进步法》(修订案)第 20 条和第 21 条

【摘要】如果说《科学技术进步法》是科技领域的"宪法",那么该法(修订案)第 20 ~ 21 条就是中国版"拜杜法案"的"宪法条款"。为加深对该条款的理解,同时为《专利法》及其实施细则相关条款的修改提供参考,本文探讨了利用财政性资金形成科研成果知识产权的归属、知识产权归属于项目承担者时国家应保留的无偿实施权和介入权、项目承担者就实施和保护情况向项目管理机构提交年度报告的义务、相关知识产权在境内优先使用和向境外转让或许可须经批准的义务、项目承担者实施相关知识产权所产生的利益分配等问题,并提出了相应的建议。

2007 年 12 月 29 日全国人大常委会通过、2008 年 7 月 1 日起施行的《中华人民共和国科学技术进步法》(以下简称《科技进步

* 本文原发表于《科技与法律》2008 年第 6 期,作者为乔永忠、朱雪忠,有较大修改。

法》(修订案))被学者称为科技领域的“宪法”,它将对我国科技发展产生深刻影响。该法首次用法律形式对利用财政性资金形成科研成果的知识产权❶归属、实施和利益分配等问题作了原则性规定,开启了我国规范利用财政性资金形成科研成果的知识产权问题的新阶段。该法第20条❷规定了利用财政性资金形成科研成果的知识产权归属原则、国家行使无偿实施权和介入权的条件、项目承担者保护和就实施和保护情况向项目管理机构提交年度报告的义务和项目承担者实施相关知识产权所产生的利益分配等问题;第21条❸规定了境内优先使用相关知识产权和向境外转让或者许可相关知识产权必须经项目管理机构批准的问题。这两条法律规定无疑将

---

❶ 除非特别说明,本文所称利用财政性资金形成科研成果的知识产权或者相关知识产权是对利用财政性资金设立的科学技术基金项目或者科学技术计划项目所形成的发明专利权、计算机软件著作权、集成电路布图设计专有权和植物新品种权的简称。

❷ 《科技进步法》(修订案)第20条:“利用财政性资金设立的科学技术基金项目或者科学技术计划项目所形成的发明专利权、计算机软件著作权、集成电路布图设计专有权和植物新品种权,除涉及国家安全、国家利益和重大社会公共利益的外,授权项目承担者依法取得。项目承担者应当依法实施前款规定的知识产权,同时采取保护措施,并就实施和保护情况向项目管理机构提交年度报告;在合理期限内没有实施的,国家可以无偿实施,也可以许可他人有偿实施或者无偿实施。项目承担者依法取得的本条第一款规定的知识产权,国家为了国家安全、国家利益和重大社会公共利益的需要,可以无偿实施,也可以许可他人有偿实施或者无偿实施。项目承担者因实施本条第1款规定的知识产权所产生的利益分配,依照有关法律、行政法规的规定执行;法律、行政法规没有规定的,按照约定执行。”

❸ 《科技进步法》(修订案)第21条:“国家鼓励利用财政性资金设立的科学技术基金项目或者科学技术计划项目所形成的知识产权首先在境内使用。前款规定的知识产权向境外的组织或者个人转让或者许可境外的组织或者个人独占实施的,应当经项目管理机构批准;法律、行政法规对批准机构另有规定的,依照其规定。”

对规范我国利用财政性资金形成科研成果的知识产权问题发挥非常重要的作用。但是由于《科技进步法》的位阶较高，无法对相关问题进一步细化，所以还有不少问题需要深入研究。本文认为，就利用财政性资金形成科研成果的知识产权归属而言，至少要细化下列问题的规定：如何界定“利用”一词，是否只要利用了财政性资金形成的知识产权就必须依据此规定执行；对利用财政性资金设立的科学技术基金项目或者科学技术计划项目所形成的商业秘密等其他形式的知识产权如何处理；利用财政性资金形成的涉及国家安全、国家利益和重大社会公共利益的知识产权如何确定归属；国家安全、国家利益和重大社会公共利益的范围如何确定；项目承担者不接受授权时，该权利如何处理。就无偿实施权和介入权而言，下列问题有待细化：这两种权利由谁行使、如何行使、项目承担者如何获得权利救济；合理期限如何确定、是否不同形式知识产权的合理期限应该有所不同；如何界定“实施”、象征性的实施或者不恰当的实施如何处理；无偿实施权能不能转让和撤销。就项目承担者就实施和保护情况提交报告、相关知识产权在境内优先使用和向境外转让或者许可时经批准而言：如果项目承担者不履行或者不充分履行、违反境内优先使用和向境外转让或者许可须经批准的义务，应该承担何种后果，需要进一步明确。就项目承担者实施相关知识产权所产生的利益分配而言：项目承担者以外的权利人，如权利受让人、独占被许可人的利益如何得到保障；国家或者资助单位、项目承担者和发明人或者设计人的利益具体如何协调；如果有第三方资助或者第三方参与研究，则第三方的利益如何得到保护等问题，都需要进一步规定。由于篇幅所限，本文试图通过对其中部分问题进行分析，以期加深对《科技进步法》（修订案）第 20 条和第 21 条的理解。

一、利用财政性资金形成科研成果的知识产权归属

《科技进步法》第20条第1款规定，利用财政性资金形成科研成果的知识产权，除涉及国家安全、国家利益和重大社会公共利益的之外，由授权项目承担者依法取得。

（一）利用财政性资金形成科研成果的知识产权归属原则

关于利用财政性资金形成科研成果的知识产权归属问题，包括美国和日本在内的很多国家都经历了由“收权政策”到“放权政策”的发展过程，最终形成了除特殊情况外将其归属于项目承担者的政策。

除了《科技进步法》（修订案）第20条第1款对利用财政性资金形成科研成果的知识产权的归属的规定，我国《专利法》（修订草案送审稿）第9条第1款[1]也有类似的规定：“承担以国家财政资助为主的科研项目完成的发明创造，除涉及国家安全或者重大利益的以外，申请专利的权利属于科研项目的承担单位。”但是上述法律或者法律草案的规定均没有对涉及国家安全、国家利益或者重大社会公共利益的科研成果知识产权的归属给予规定。本文认为，将主要以利用财政性资金科研项目完成的发明创造全部归属于国家，在过去或许有一定价值，但是现在若仍然这样规定显然不合时宜。如果将涉及国家安全、国家利益和重大社会公共利益的利用财政性资金形成科研成果的知识产权归属于项目承担者，则有可能违背国家资助的目的，也有可能严重损害国家利益。不过，将涉及国家安全、国家利益和重大社会公共利益的利用财政性资金形成科研成果的知识产权，在符合一定条件（如约定优先）下，归属于

---

[1] 本条在最终的《专利法（送审稿）》中被删除，据说是因为《科技进步法》对此问题有所规定。

国家具有一定的合理性。理由是基于涉及国家安全、国家利益或者重大社会公共利益的科研成果对国家和社会的重要性，应该由国家享有绝对控制权，应该法定归国家所有；不过，为了使规定具有相对灵活性，可以采用约定优先原则。所以建议补充规定：利用财政性资金形成的科研成果，涉及国家安全、国家利益或者重大社会公共利益的，知识产权归属于国家，资助协议另有约定的除外。而将不涉及国家安全、国家利益和重大社会公共利益的利用财政性资金形成科研成果的知识产权归属于项目承担者，已经成为国际发展趋势。

明确了相关知识产权的归属原则后，对相关科研成果是否涉及国家安全、国家利益或者重大社会公共利益的判断则成为确定知识产权具体归属的关键。

（二）认定科研成果是否涉及国家安全、国家利益或者重大社会公共利益的程序

在借鉴美国《拜杜法案》和《联邦法规》第401条相关内容并考虑我国现有规定的基础上，本文建议，在相关法律或者法规中规定认定相关知识产权是否涉及国家安全、国家利益或者重大社会公共利益的机构、时间、程序和救济方式。

1. 认定机构

建议资助机构作为认定机构，主要是考虑到在立项或者科研成果验收时作为资助协议的一方，对项目情况相对熟悉，同时可以考虑资助目的。

2. 认定时间

在项目协议签订时或者项目验收时认定比较合理，理由是如果在项目协议签订时不对是否涉及国家安全、国家利益或者重大社会公共利益作出认定，项目承担者对该项目将来是否享有知识产权便没有把握，这会直接影响项目承担者的积极性。但是完成项目需要时间，当项目完成后，外界条件和项目本身的变化都有可能使得一个原本不涉及国家安全、国家利益或者重大社会公共利益的项目变成涉及国家安全、国家利益或者重大社会公共利益的项目，或者相反。所以在项目验收时认定是否涉及国家安全、国家利益或者重大社会公共利益，对项目承担者和国家都有好处。因此本文建议，在签订立项协议时可以由项目承担者以书面申请方式提请认定机构认定，但这不是必要条件；项目成果验收时应当以书面申请方式提请认定机构认定，资助机构应当以职权认定之后，才可允许结项。

3. 认定程序

在签订立项协议之前，项目承担者提请认定该项目是否涉及国家安全、国家利益或者重大社会公共利益的，除提交书面申请和必要费用外，还应当提交有关该项目的详细资料，特别是对预期科研成果的详细说明。项目成果验收之前，项目承担者应当再次提交书面申请和必要费用，同时提交项目科研成果的有关情况，否则不予结项。认定机构在项目承担者提交申请之日起 30 日内作出认定结果；如果 30 日内未做出认定结果的，必须予以说明。如果 30 日内未做出认定结果，又未做出说明的，项目承担者可以向国务院主管部门提出书面意见。该书面意见请求不能被用作扣留、延迟资助资金或者终止资助的理由。认定机构在认定时，除了考察项目承担者提交的书面材料外，必要时可以进行实地考察，考察时可以聘请有关专家组协助考察，考察费用由项目承担者承担。

4. 救济方式

项目承担者对依据前款规定认定结果有异议的，可以在其收到资助机构的认定副本之日起 30 日内，向资助机构主管机关书面提出书面意见。资助机构的主管机关应该在收到书面意见之日起 30 日内做出决定。

二、知识产权归属于项目承担者时国家应享有的权利

《科技进步法》（修订案）第20条第2~3款规定了将利用财政性资金形成科研成果的知识产权授予项目承担者时，项目承担者在合理期限内没有实施该知识产权，或者为了满足国家安全、国家利益或者重大社会公共利益的需要，国家保留对该知识产权的无偿实施权和介入权。

（一）无偿实施权

美国《拜杜法案》[1]、日本《产业活力再生特别措施法》[2] 和我国台湾地区《政府科学技术研究发展成果归属及运用办法》[3]、德国、俄罗斯等国相关制度都规定了知识产权归属于项目承担者时国家的无偿实施权。《科技进步法》（修订案）第20条第2款规定："项目承担者应当依法实施前款规定的知识产权，……在合理期限内没有实施的，国家可以无偿实施……"第3款规定："……国家为了国家安全、国家利益和重大社会公共利益的需要，可以无偿实施……"上述规定体现了国家对相关知识产权的无偿实施权。

《科技进步法》（修订案）通过之前，我国相关知识产权规章

---

[1] The Bayh - Dole Act 202 (c) (4): With respect to any invention in which the contractor elects rights, the Federal agency shall have a nonexclusive, nontransferable, irrevocable, paid - up license to practice or have practiced for or on behalf of the United States any subject invention throughout the world.

[2] 日本《产业活力再生特别措施法》第30条：在受托机构或企业取得研究成果的所有权或专利授权时，国家为了公益之需要可以无偿使用该项研究成果或专利权。

[3] 我国台湾地区的《政府科学技术研究发展成果归属及运用办法》第4条第1款：资助机关就归属于研究机构或企业所有之研发成果，享有无偿、全球非专属及不可转让之实施权利。

和政策对于国家的无偿使用权缺乏统一的规定。《科技进步法》（修订案）第20条首次以法律的形式明确了国家行使无偿实施权的条件，即项目承担者在合理期限内没有实施相关知识产权或者为了国家安全、国家利益和重大社会公共利益的需要，国家有权无偿实施该知识产权。虽然该规定并无“非独占”的明示，但是“可以无偿实施”足以说明该权利是非独占的。另外，为了平衡公益与私权间的关系，应借鉴美国和我国台湾地区的做法，将无偿使用权规定为一种“不可转让、不可撤销的权利”。也就是说，国家不得将这种权利转让给第三人，以防止国家权力的滥用；同时项目承担者不能撤销该权利，以防止国家权利流失。

关于无偿实施权的主体，《拜杜法案》规定联邦机构享有非独占的无偿使用权，我国台湾地区相关规章规定由资助机关来行使，而日本《产业活力再生特别措施法》规定由“国家”实施。我国科技部联合财政部2002年发布的《关于国家科研计划项目研究成果知识产权管理的若干规定》只规定了国家在特定情况下可以保留无偿的使用权，但对于由哪个具体的部门来行使这种权利没有规定。《科技进步法》（修订案）第20条也规定由“国家”实施，并无指定具体部门，缺乏操作性。建议在相关法律法规如《专利法》或者《专利法实施细则》或者其他法规中规定由资助机关或国务院有关主管部门来行使这种权利。

出于对项目承担者利益的考虑，资助机构在代表国家行使无偿使用权时应告知项目承担者，并说明理由，以体现对权利人知情权的尊重。同时，如果项目承担者认为资助机构行使无偿使用权的理由不成立或者其行使的方式不符合规定的，有权提出异议。因此为了维护权利人的利益，防止资助机构滥用权利，应对无偿使用权的行使程序进行规定。当然此程序不宜在《科技进步法》（修订案）中规定，建议在相关法律法规如《专利法》或者《专利法实施细则》或者其他法规中明确规定。

（二）介入权

《科技进步法》（修订案）第20条第2款规定：“项目承担者应当依法实施前款规定的知识产权……在合理期限内没有实施的……也可以许可他人有偿实施或者无偿实施。”第3款规定：“……国家为了国家安全、国家利益和重大社会公共利益的需要……也可以许可他人有偿实施或者无偿实施。”上述规定体现了国家对相关知识产权的介入权。

所谓介入权，即国家机关在一定条件下，得依请求或自行决定介入该研发成果及其知识产权之应用的权力。有报告认为，项目承担者运用国家资助科研项目完成的发明创造危害市场竞争时，政府的介入权是必要的，❶ 而且介入权应该确保专利权不会损害公平市场竞争。❷ 国家将政府资助形成的研发成果及其知识产权授予项目承担者之目的在于使其获得最有效的利用，进而直接或间接地使国家和社会公众从中受益。然而，项目承担者、研发成果及其知识产权的受让人或者被许可人等权利人在取得研发成果及其知识产权后，可能怠于应用这些研发成果或者以不合理的方式应用研发成果，这显然无法使既定的产权机制达到预期的效果。因此，为了避免研发成果被闲置或不合理使用，维护国家利益和社会公共利益，很多国家在规定将研发成果及其知识产权授予项目承担者的同时，

---

❶ Patent Policy: Hearings on S. 1215 Before the Subcommittee on Science, Technology and Space of the Senate Committee on Commerce, Science and Transportation, 96th Cong. 150 (1979).

❷ Patent and Trademark Law Amendments of 1980: Hearings Before a Subcommittee of the House Committee on Government Operations at 102 (1980).

都规定国家享有介入权。如美国《拜杜法案》第 203 条（a）❶、日本《产业活力再生特别措施法》第 30 条❷和我国台湾地区相关

---

❶ The Bayh – Dole Act 203（a）: With respect to any subject invention in which a small business firm or nonprofit organization has acquired title under this chapter, the Federal agency under whose funding agreement the subject invention was made shall have the right, in accordance with such procedures as are provided in regulations promulgated hereunder to require the contractor, an assignee or exclusive licensee of a subject invention to grant a nonexclusive, partially exclusive, or exclusive license in any field of use to a responsible applicant or applicants, upon terms that are reasonable under the circumstances, and if the contractor, assignee, or exclusive licensee refuses such request, to grant such a license itself, if the Federal agency determines that such—（1）action is necessary because the contractor or assignee has not taken, or is not expected to take within a reasonable time, effective steps to achieve practical application of the subject invention in such field of use;（2）action is necessary to alleviate health or safety needs which are not reasonably satisfied by the contractor, assignee, or their licensees;（3）action is necessary to meet requirements for public use specified by Federal regulations and such requirements are not reasonably satisfied by the contractor, assignee, or licensees; or（4）action is necessary because the agreement required by section 204 has not been obtained or waived or because a licensee of the exclusive right to use or sell any subject invention in the United States is in breach of its agreement obtained pursuant to section 204.

❷ 日本《产业活力再生特别措施法》第 30 条的规定，在下列情况下，日本政府可以行使介入权：一是为了公共利益的需要，并且阐明了必要的理由，国家即可无偿使用该项专利权；二是该专利权在一定的期间没有使用，且没有正当理由的，国家可以向第三方许可使用该专利权。

政策[1]都规定了介入权。

《科技进步法》（修订案）通过之前，我国知识产权制度和政策中对国家介入权也有所涉及。根据《关于加强与科技有关的知识产权保护和管理工作的若干意见》[2] 规定，科技计划项目的行政主管部门在下列两种情况下可以行使介入权：一是项目承担者无正当理由不采取或者不适当采取知识产权保护措施；二是项目承担者无正当理由在一定期限内能转化而不转化的应用科技项目研究成果。与美国和我国台湾地区相关规定相比，这一规定有两个缺陷：一是对介入权行使的情形规定得太窄，对于不合理使用以及为公共利益目的而介入等情况没有规定；二是没有体现本国产业优先原则。

《科技进步法》（修订案）第20条规定行使介入权需要满足两个条件：一是项目承担者在合理期限内没有实施；二是为了国家安全、国家利益和重大社会公共利益的需要。该规定在一定程度上解决了《关于加强与科技有关的知识产权保护和管理工作的若干意

---

[1] 我国台湾地区《经济部及所属各机关科学技术委托或补助研究发展计划研发成果归属及运用办法》第22条第（1）项、《行政院农业委员会科学技术研究发展成果归属及运用办法》第29条第（1）项、《行政院原子能委员会科学技术研究发展成果归属及运用办法》第29条第（1）项分别规定了资助机关行使介入权的条件，且其规定完全相同，具体而言包括以下3种情形：（1）研发成果之所有权人或其受让人或专属被授权人，于合理期间无正当理由未有效运用研发成果，且申请人曾于该期间内以合理之商业条件，请求授权仍不能达成协议；（2）研发成果之所有权人或其受让人或专属被授权人，以妨碍环境保护、公共安全或公共卫生之方式实施研发成果；（3）为增进“国家”重大利益。

[2] 《关于加强与科技有关的知识产权保护和管理工作的若干意见》规定：对于承担单位无正当理由不采取或者不适当采取知识产权保护措施，以及无正当理由在一定期限内能转化而不转化的应用科技项目研究成果的，科技计划项目的行政主管部门可以依法另行决定相关研究成果的知识产权归属，并以完成成果的科技人员为优先受让人。

见》对实施介入权情形过少的缺陷。但是没有规定“本国产业优先”原则。为了促进我国产业发展，建议规定此原则。同时建议在充分考虑权利人的利益诉求情况下，在相关法规中规定由资助机关通过合理合法的程序行使介入权。首先，在程序执行之前，资助机关应书面告知项目承担者，并说明其执行介入权所依据的事实和理由；其次，应给项目承担者等权利人一个陈述意见的机会，由其在一定期限内进行答辩，并可以提交自己的意见和证据；最后，在资助机关做出最终决定以后，权利人若对该决定不服的，应有权提起诉讼。

三、知识产权归属于项目承担者时项目承担者的义务

《科技进步法》（修订案）第20条第2款第1项规定了知识产权归属于项目承担者时，项目承担者保护知识产权、并就实施和保护情况向项目管理机构提交年度报告的义务；第21条规定了境内优先使用相关知识产权、向境外转让或者许可相关知识产权必须经项目管理机构批准的义务。

（一）就实施和保护情况向项目管理机构提交报告的义务

按照《拜杜法案》第202条（c）（1）[1]和（c）（5）[2]，美国要求项目承担者必须履行向联邦机构报告发明的义务，否则，联邦

---

[1] The Bayh－Dole Act 202（c）（1）：That the contractor discloses each subject invention to the Federal agency within a reasonable time after it becomes known to contractor personnel responsible for the administration of patent matters, and that the Federal Government may receive title to any subject invention not disclosed to it within such time.

[2] The Bayh－Dole Act 202（c）（5）：The right of the Federal agency to require periodic reporting on the utilization or efforts at obtaining utilization that are being made by the contractor or his licensees or assignees.

机构可以收回未报告发明的所有权。《科技进步法》（修订案）通过之前，我国虽有相关规定，但是比较分散，且不统一。根据我国科技部2003年6月发布的《关于加强国家科技计划成果管理的暂行规定》第2条❶，只要求项目承担者报告重大成果，而且需要层层报告。根据我国科技部2003年发布的《关于加强国家科技计划知识产权管理工作的规定》第9条第2款❷，仅仅要求项目承担者在验收时提交知识产权清单，并没有要求报告发明创造本身，项目承担者可能会隐瞒研究成果。

《科技进步法》（修订案）第20条第2款第1项规定："项目承担者应当依法实施前款规定的知识产权，同时采取保护措施，并就实施和保护情况向项目管理机构提交年度报告。"该规定对资助单位了解相关知识产权保护和使用情况，从而维护国家利益具有十分重要的现实意义。根据国外众多案例可知，项目承担者有时为了一己之利，对相关知识产权不予保护或者不充分保护，有的甚至瞒报科研成果，造成国有资产的流失。因此对项目承担者设定报告保护和实施情况义务，不但可以防止国家资助科研成果流失，而且有助于资助机构及时准确掌握科研项目的进展情况，维护国家利益和社会公共利益。

---

❶《关于加强国家科技计划成果管理的暂行规定》第2条：实行国家科技计划重大成果报告制度。项目实施过程中取得重大成果时，项目承担者应及时填写国家科技计划重大成果报告表，并按计划管理渠道向科技部的计划管理机构报告，报告中要重点说明成果应用及产业化前景情况。计划管理机构审查后确定为重大成果的向科技部成果管理机构报告。

❷《关于加强国家科技计划知识产权管理工作的规定》第9条第2款：项目承担者在验收时应当提交项目形成的成果的知识产权清单，包括论文、数据、非专利技术的技术秘密保护情况，专利、植物新品种、软件的知识产权申请、审查、登记或授权的法律文件；对项目研发中与第三方的知识产权关系等做出说明。未能完成合同或计划任务书约定的知识产权目标的，应提交情况说明报告。

不过，该条款仅规定了报告相关知识产权的保护和实施情况的义务，而没有规定不履行该义务的法律责任，因此很难使该义务落到实处。所以建议在相关法规中规定不履行该义务的法律责任。

（二）相关知识产权在境内优先使用和向境外转让或许可须经批准的义务

《科技进步法（修订案）》第21条规定："国家鼓励利用财政性资金设立的科学技术基金项目或者科学技术计划项目所形成的知识产权首先在境内使用。前款规定的知识产权向境外的组织或者个人转让或者许可境外的组织或者个人独占实施的，应当经项目管理机构批准；法律、行政法规对批准机构另有规定的，依照其规定。"

该条第1款规定的鼓励境内优先使用相关知识产权，《拜杜法案》第204条❶有类似规定。关于向境外组织或者个人转让或者颁发独占许可实施权，我国原国家科委1994年颁布的《国家高技术研究发展计划知识产权管理办法（试行）》第13条❷也有所规定，

---

❶ The Bayh - Dole Act 204: Notwithstanding any other provision of this chapter, no small business firm or nonprofit organization which receives title to any subject invention and no assignee of any such small business firm or nonprofit organization shall grant to any person the exclusive right to use or sell any subject invention in the United States unless such person agrees that any products embodying the subject invention or produced through the use of the subject invention will be manufactured substantially in the United States.

❷《国家高技术研究发展计划知识产权管理办法（试行）》第13条：有下列情况之一的，研究开发方实施或者转让"八六三"计划科技成果，应当报国家科委主管司（中心）批准：（1）转让专利权、专利申请权和其他知识产权的；（2）许可外国企业、其他组织或者个人实施的；（3）与外国企业、其他组织或者个人合资、合作实施的；（4）以技术入股成立有限责任公司、股份有限公司的。

不过，《关于国家科研计划项目研究成果知识产权管理的若干规定》、《关于加强国家科技计划知识产权管理工作的规定》均没有对该问题进行规定。但现行《专利法》第10条规定：中国单位或者个人向外国人转让专利申请权或者专利权的，必须经国务院有关主管部门批准。可见，《科技进步法》（修订案）对利用财政性资金形成科研成果的知识产权的实施、转让或者独占许可采取的是国内产业优先原则。同时该条第2款中“法律、行政法规对批准机构另有规定的，依照其规定”，又体现了一定的灵活性。不过法律责任的缺失，可能不利于该条款的实施。因此为了使该条规定更加有利于我国产业的发展，建议在相关法律或者法规中规定相应的法律责任。

四、项目承担者实施相关知识产权所产生的利益分配

《科技进步法》（修订案）第20条第4款规定项目承担者因实施相关知识产权所产生的利益分配，依照有关法律、行政法规的规定执行；法律、行政法规没有规定的，按照约定执行。该款规范的利益分配至少涉及三种主体，即国家或资助单位、项目承担者和发明人或者作者。该款所规范的利益分配问题至少包括：项目承担者是否应将管理或运用科研成果所获得的收益按一定比例上缴给国家或者资助单位；发明人或者作者如何从项目承担者处获得合理报酬；如果财政性资金资助项目有第三方资助或者第三方参与研究，第三方的利益如何得到保障等。

关于资助单位和项目承担者之间的利益分配，我国台湾地区

《政府科学技术研究发展成果归属及运用办法》第9条❶和《经济部及所属各机关科学技术委托或补助研究发展计划研发成果归属及运用办法》第24条❷都规定了资助机关对研发成果所获得收入的分配权，即项目承担者应将管理或运用研发成果所获得的收益按一定比例上缴给资助机关。我国《国家高技术研究发展计划知识产权管理办法》第20条也规定，对于具有商业化价值和产业化前景的“863”计划项目，研究开发方应当从实施或者转让技术成果的收益中提取一定比例返还委托方，用于支持高技术研究开发活动。但对收益返还的比例均未作明确规定，而是由委托方和研究开发方在合同中约定。从投资收益的角度来说，国家作为研发成果的投资人似乎理应享有相应的收益权。但收益分配权却可能削弱权利人开发和利用研发成果的积极性，这与国家的政策宗旨不符，因而大多数国家都没有规定此项权利。关于项目承担者与发明人或作者之间的利益分配，《拜杜法案》第202条（c）（7）（B）❸ 和我国台湾

❶ 我国台湾地区《政府科学技术研究发展成果归属及运用办法》第9条规定：“研究机构或企业因管理或运用研发成果所获得之收入，应依下列方式为之。但经资助机关与研究机构或企业约定以其他比率或以免缴方式为之，更能符合本‘法’之宗旨或目的者，不在此限：一、研究机构为‘中央研究院’或公、私立学校者，应将研发成果收入之百分之二十缴交资助机关。二、其他研究机构或企业，应将研发成果收入之百分之五十缴交资助机关。资助机关补助、委办或出资金额占计划总经费百分之五十以下者，前项应缴交资助机关之比率，得由资助机关与研究机构或企业以契约约定或免缴之。依前二项规定应缴交资助机关之收入，得以所获得之授权金、权利金、价金、股权或其他权益为之。”

❷ 我国台湾地区《经济部及所属各机关科学技术委托或补助研究发展计划研发成果归属及运用办法》第24条：执行单位运用研发成果所获得总收入之一定比率，应交由本部缴交“国库”或循预算程序拨入“行政院”指定之基金。

❸ The Bayh－Dole Act 202（c）（7）（B）: a requirement that the contractor share royalties with the inventor.

地区《政府科学技术研究发展成果归属及运用办法》第10条[1]均有类似规定。关于资助单位、项目承担者和资助第三方或者参与研究第三方之间的利益分配，虽然国外这方面的相关规定还比较少，但是随着科技投入的多元化，越来越多的单位倾向于通过与国家财政联合资助或者合作研究的方式进行科学研究，这使得第三方参与财政性资金资助项目研究的现象逐渐增多。所以合理分配参与资助或研究第三方的利益，是研究利用财政性资金形成科研成果的知识产权问题时不可回避的。

《科技进步法》（修订案）第20条第4款既考虑了相关法律法规的约束，又尊重了当事人的意愿，使得相关利益分配原则具有一定的合理性。不过本规定的缺陷是可操作性较差，建议在相关法律法规中进一步细化本款规定，增强其可操作性。

五、结　语

如果说《科技进步法（修订案）》是科技领域的“宪法”，那么该法第20~21条就是中国版“拜杜法案”的“宪法条款”。虽然我国至今还没有中国版“拜杜法案”，但是《科技进步法（修订案）》第20~21条，《专利法》（修订草案送审稿）第9条的规定已经说明我国对利用财政性资金形成科研成果的知识产权问题的规范越来越重视。

综上所述，我们可以得出如下结论：首先，《科技进步法》（修订案）关于利用财政性资金形成科研成果的知识产权归属的规定不但符合中国实际，也顺应了国际发展趋势，但是对涉及国家安

[1] 我国台湾地区《政府科学技术研究发展成果归属及运用办法》第10条：研发成果由研究机构或企业负管理及运用之责者，其管理或运用所获得之收入，应将一定比率分配创作人；由资助机关负管理及运用之责者，应将一定比率分配创作人、研究机构或企业。

全、重大利益或者重大社会公共利益的知识产权归属以及如何认定国家安全、重大利益或者重大社会公共利益的程序等问题需要继续完善。其次，《科技进步法》（修订案）规定利用财政性资金形成科研成果的知识产权授予项目承担者时，国家保留对该知识产权的无偿实施权和介入权，这对维护国家利益具有非常重要的意义，但是对实施这两种权利的主体、条件和程序需要进一步规范。再次，《科技进步法》（修订案）规定项目承担者履行保护相关知识产权、就相关知识产权实施和保护情况向项目管理机构提交年度报告、相关知识产权在境内优先使用和向境外的组织或者个人转让或者许可时应当经项目管理机构批准的义务，对维护国家利益很有必要，但是需要对不履行或者不充分履行该义务的法律责任进一步明确。最后，《科技进步法》（修订案）规定项目承担者因实施相关知识产权所产生的利益分配，在遵守法律法规的前提下采用合同优先原则不仅有利于相关知识产权的实施，而且有利于国家或者资助机构、项目承担者、发明人或者设计人、参与资助或者研究第三方的利益分配，但是需要对该规定进一步细化。

第 7 题

国家财政资助完成的发明创造专利权归属研究*

【摘要】《中华人民共和国科学技术进步法》（修订案）和《专利法》（修订草案送审稿）都增加了对国家财政资助科研项目完成发明创造知识产权归属等问题的规定。为了加深对该规定的理解，本文探讨了主要利用国家财政资助科研项目完成发明创造的专利权归属、发明创造归属于项目承担单位时国家应保留的权利、项目承担单位的权利和义务、发明人或者设计人的权利和参与项目第三方的权利等问题。

2007 年 12 月 29 日通过的《中华人民共和国科学技术进步法（修订案）》（以下简称《科技进步法（修订案）》）首次将实施国家知识产权战略写入法律之中。这部被学者称之为科技领域“宪法”的法律将不仅对我国科技发展产生深刻影响，而且对我国知识产权的创造、运用、保护和管理发挥十分重要的作用。该法第 20

* 本文原发表于《科学学研究》2008 年第 6 期，作者为乔永忠、朱雪忠、万小丽和黄光辉。本文得到国家自然科学基金项目“促进我国自主创新的知识产权管理研究”（项目编号 70633003）资助，课题组负责人为朱雪忠，成员有乔永忠、万小丽、黄光辉、谢惠加、周勇涛、刘珍兰、蒋逊明、唐春等。

条和第21条对利用财政性资金形成科研成果的知识产权的归属、实施和利益分配等相关问题作了原则性规定。此前我国《专利法》(修订草案送审稿)第9条❶对主要利用国家财政资助为主的科研项目完成的发明创造专利权归属及推广应用作了原则性规定，并明确提出具体办法由国务院规定。为了更好地贯彻和理解《科技进步法(修订案)》第20条和第21条，为《专利法》及《专利法实施细则》的修改提供建议，本文试图通过对国外和我国台湾地区相关立法政策的介绍和我国相关政策的沿革及其存在的问题分析，探讨国家财政资助完成发明创造在不同情况下的专利权归属，专利权归属于项目承担单位时国家应享有的非独占无偿使用权、介入权、推广应用和利益分配权，项目承担单位的权利义务、发明人或者设计人的权利和参与资助或者研究项目第三方的权利义务等问题。

一、国外和我国台湾地区相关立法与政策介绍

20世纪80年代以前，美国联邦政府资助完成的大量研发成果商业化率很低。1978年，联邦科技委员会的《政府专利政策报告》指出，1976年联邦政府拥有的28 000项专利许可使用率不到5%。❷ 当时很多州对政府资助科研项目完成的发明创造专利权的归属规定都不一致，这对专利权尤其是政府合作资助所得专利权的运用带来了困难。❸ 美国政府开始认识到，政府对专利权归属的控

---

❶ 最终通过的《专利法》删除了该条规定。

❷ U. S. Government Accounting Office (GAO) Report to Congressional Committees entitled "Technology Transfer, Administration of the Bayh - Dole Act by Research Universities" dated May 7, 1998.

❸ Johnson, A.: 'The End of Pure Science: Science Policy from Bayh - Dole to the NNI', in Baird, D., Nordmann, A. and Schummer, J. (eds.), *Discovering the Nanoscale*, *Amsterdam*: IOS Press, 2004.

制是使发明在商业上得不到充分应用的主要障碍。[1] 在此背景之下，美国颁布了有关政府资助科研项目完成发明创造专利权归属的核心立法——《拜杜法案》（Bayh-Dole Act）（美国政府同期制定的促进研发成果商业化运用的法案还包括《史蒂文生/魏德勒技术创新法案》（Stevenson-Wydler Technology Innovation Act），该法案主要规范政府实验室研发成果的商业运用）。该法案统一了联邦专利政策，赋予大学和小企业对政府资助完成发明的所有权，并规定联邦政府保留非独占的无偿使用权，保留“介入权”，即强制许可权或者在项目承担单位的许可不利于公共健康和安全时政府实施该发明的权利。20世纪90年代末和21世纪初，很多学者和政策制定者都认为《拜杜法案》是促进美国大学创新和经济贡献的关键因素。经济合作与发展组织（OECD）也认为《拜杜法案》是90年代末促进美国经济在收入、就业和生产力三方面显著增长的主要因素。OECD的一份调查报告指出，“OECD所属国家的一个大趋势是效仿《拜杜法案》进行专利立法，允许政府资助研究的项目承担单位，包括大学和小企业，有权取得发明的专利权和许可权”。[2]

日本于1999年8月13日颁布了被誉为日本版“拜杜法案”的《产业活力再生特别措施法》。该法涉及的内容非常丰富，从产业发展和经济复苏外部环境的营造、对创办新产业和中小企业技术创新的支持到建立和促进研究开发的机制以及科技成果的快速转化等

---

[1] 梅亚平、陆飞：“国家科技计划项目知识产权管理政策探讨”，载《研究与发展管理》2001年第2期，第68～73页。

[2] Mower, D. C., Nelson, R. R. and Sampat B. N.: *Ivory Tower and Industry Innovation: University – Industry Technology Transfer Before and After the Bayh – Dole Act. Stanford* [M], California: An Imprint of Stanford University Press, 2004, 95～97.

各个方面都有涉及。[1] 虽然《产业活力再生特别措施法》规定大学等研究机构对其利用政府财政资助完成的发明创造拥有所有权，但由于日本并不存在与政府资助研究知识产权下放相适应的法人化资产运营管理体制。[2] 因此，为了配合《产业活力再生特别措施法》的规定，日本于2000年4月起逐渐将原有的国立科研院所改革为独立事业法人。在国立大学法人化以前，日本大学里教授的发明专利归自己所有，专利的转让由个人决定，大学无权干涉；而在进行法人化改革以后，大学统一将大学里的职务发明归大学所有，大学对其研究机构进行统一管理，同时有组织性地向企业进行有效转移。[3] 总之，日本对政府资助研究成果专利权的归属的规定经历了从“收权”到“放权”调整，其目的都是为了有效地促进这些研发成果的应用和商业化，以促进本国产业和经济的发展。

德国有关国家资助科研项目完成的发明创造的规定主要反映在1996年12月9日以联邦国防军大学乌尔里希教授为首的专家委员会向德国联邦教育暨科技部（简称BMBF）转交的一份报告中。俄罗斯于2002年对《俄罗斯联邦专利法》进行了全面修改和补充，增加了第9条，对政府资助形成的发明创造专利权归属做出了新的规定。澳大利亚就公共资助研究成果的权利归属问题，没有全国性的统一规定，而是分别由政府资助机构依各自的职权规定或通过项目合同与研究机构进行约定。我国台湾地区于1998年12月29日通过了《科学技术基本法》，对研发成果的分配和归属仅作了原则性的规定，而对其具体做法，则授权给各主管机关自行决定。

---

[1] 钟鸣：“日本的技术创新和产业再生”，载《全球科技经济瞭望》2000年第4期，第60~61页。

[2] 郑玲、赵小东：“政府资助研发成果知识产权管理制度探析”，载《知识产权》2006年第5期，第42~46页。

[3] 曹勇：“日本国立大学法人化后的产学合作以及知识产权管理体制”[EB/OL]，http://www.iprcn.com/view_ new.asp? idname = 1380，2007年6月5日。

二、我国相关政策沿革及其存在的主要问题

《科技进步法》（修订案）是我国现有法律中第一部在其条款中规范利用财政性资金形成科研成果的知识产权相关问题的法律。此前，我国仅用部门规章和相关政策规范此类问题。依据利用财政性资金科研项目完成科研成果的知识产权归属原则，我国改革开放以来的相关政策发展可以划分为5个阶段：（1）1984～1993年："以行政规章规定知识产权归国家所有"，标志为1984年原国家科委颁布的《关于科学技术研究成果管理的规定（试行）》第7条[1]；（2）1994～1999年："合同约定知识产权归属"，标志为1994年原国家科委颁布的《国家高技术研究发展计划知识产权管理办法》（试行）第5条[2]；（3）2000～2001年："行政规章规定知识产权归项目承担者，特殊情况并约定的除外"，标志为2000年科技部颁布的《关于加强与科技有关的知识产权保护和管理工作

---

❶《关于科学技术研究成果管理的规定（试行）》第7条规定："科技成果是国家的重要财富，全国各有关单位都可利用它所需要的科技成果，一切成果的完成单位都有向其他单位交流、推广（或转让）本单位科技成果的义务，绝不允许封锁和垄断。"

❷《国家高技术研究发展计划知识产权管理办法》（试行）第5条："执行八六三计划项目，由国家科委主管司（中心）或者国家科委授权的领域专家委员会（组）为委托方，项目承担单位为研究开发方，签订委托技术开发合同，并在合同中依照本办法规定，约定有关知识产权的归属和分享办法。"

的若干意见》[1]；（4）2002～2007年："行政规章规定知识产权项目承担者，特殊情况除外"，标志为2002年科技部联合财政部发布的《关于国家科研计划项目研究成果知识产权管理的若干规定》第1条[2]；（5）2008年7月1日[3]开始："法律规定知识产权归项目承担者，特殊情况除外"，标志为2007年12月29日通过的《科技进步法》（修正案）第20条和第21条。

《科技进步法（修订案）》通过之前，我国相关政策存在的问题主要体现在以下几个方面。首先，发明创造所有权归属方面不协调，如《国家高技术研究发展计划知识产权管理办法（试行）》与《关于加强与科技有关的知识产权保护和管理工作的若干意见》对发明创造所有权归属的条件规定不一致。其次，关于国家实施介入权方面不协调，如《国家高技术研究发展计划知识产权管理办法（试行）》与《关于国家科研计划项目研究成果知识产权管理的若干规定》对实施介入权的主体规定不一致、《关于国家科研计划项目研究成果知识产权管理的若干规定》与《关于加强与科技有关的知识产权保护和管理工作的若干意见》规定的国家介入条件的规定不一致。再次，对发明人或设计人应享有的权利和报酬规定不一致。最后，关于参与项目第三方的权利义务不明确，如国家权利与第三方权利之间的关系尚不明晰、国家介入权实施过程中第三方利益保障缺乏具体规定等问题。

---

[1] 《关于加强与科技有关的知识产权保护和管理工作的若干意见》："……要逐步调整科技成果的知识产权归属政策，除以保证重大国家利益、国家安全和社会公共利益为目的，并由科技计划项目主管部门与承担单位在合同中明确约定外，执行国家科技计划项目所形成科技成果的知识产权，可以由承担单位所有。"

[2] 《关于国家科研计划项目研究成果知识产权管理的若干规定》第1条："科研项目研究成果及其形成的知识产权，除涉及国家安全、国家利益和重大社会公共利益的以外，国家授予科研项目承担单位。"

[3] 《科技进步法》（修正案）于2008年7月1日起施行。

三、国家财政资助完成发明创造的专利权归属

很多国家都经历了由“收权政策”到“放权政策”的发展过程，最终形成将国家资助完成的发明创造归属于项目承担单位的政策。收权政策过于强调和偏袒公共利益，而公共利益的实现与研发机构的合作是分不开的，研发机构的合作通常要在其保留知识产权的前提下才能实现。[1] 因此，权力下放不仅没有损害公共利益，而且可以实现鼓励技术创新和技术转移等国家财政资助研发目标。另外，将利用国家财政资助项目完成发明创造归属于项目承担单位有利于降低管理成本。但是，有人认为“放权政策”将存在二次付费问题：即研发机构如拥有发明的专利权，公众使用该发明时需要二次付费。这确实增加了纳税人（公众）的负担。但是如果发明创造没有转化成生产力，公众很难从中受益，国家利益也难以体现。因此，要平衡国家、研发单位、社会公众的利益，必须在放权的同时进行权利限制，保证政府为国家利益、公众利益保留充分的权利。如果将涉及国家安全或者重大利益的、主要以国家财政资助科研项目完成的发明创造专利权归属于项目承担单位，则有可能违背国家资助的目的，而且有可能严重损害国家利益。将主要以国家财政资助科研项目完成的发明创造一律归属于国家，在过去或许有一定的存在价值，但是现在若仍然这样规定显然不合时宜。不过，将涉及国家安全或者重大利益的、主要以国家财政资助科研项目完成的发明创造仍归属于国家，具有一定的合理性。

《科技进步法》第20条第1款规定，利用财政性资金形成科研成果的知识产权，除涉及国家安全、国家利益和重大社会公共利益的外，授权项目承担者依法取得。《专利法（修订草案送审稿）》

[1] 陈昌柏：《知识产权经济学》，北京大学出版社2003年版，第384～387页。

第 9 条第 1 款就以国家财政资助为主的科研项目完成发明创造专利权归属做出了规定，“除涉及国家安全或者重大利益的以外，申请专利的权利属于科研项目的承担单位。”将不涉及国家安全或者重大利益的发明创造的申请专利的权利以及专利权法定为项目承担单位，不仅符合国际发展趋势，也符合我国的实际情况。但是该规定对涉及国家安全或者重大利益的发明创造的所有权归属不明确，也没有规定参与项目第三方的权利。本文认为，基于涉及国家安全或者重大利益的发明创造对国家和社会的重要性，应该由国家享有绝对控制权，应该法定原则上归国家所有；不过，为了使规定具有相对灵活性，可以采用约定优先原则。如规定“主要利用国家财政资助的科研项目所完成的发明创造，涉及国家安全或者重大利益的，申请专利的权利属于国家，资助协议另有约定的除外。”

明确以国家财政资助为主的科研项目完成的发明创造专利权的归属有利于提高国家财政资助经费利用率，促进发明创造充分利用，调动项目承担单位或者项目参与第三方的积极性。而对该发明创造是否涉及国家安全或者重大利益的判断则是确定权利归属的关键。不论是我国的《专利法（修改草案送审稿）》、《关于加强与科技有关的知识产权保护和管理工作的若干意见》、《关于国家科研计划项目研究成果知识产权管理的若干规定》和《关于加强国家科技计划知识产权管理工作的规定》，还是美国的拜杜法案，对利用国家财政资助项目科研成果的权利归属于项目承担单位的例外情况，都采取了模糊的规定形式。试图对这种例外情况给予具体准确的规定不现实，因为这些例外情况随着条件的变化而不断改变。特别需要指出的是，除了将“国家安全”或者“重大利益”作为例外以外，是否应该考虑设置一个类似于《拜杜法案》（《美国法典》第 35 篇第 18 章）第 202 条（a）（ii）规定的兜底条款，如规定例外情况还包括“除涉及国家安全和重大利益外其他需要不能将发明创造的专利申请权归属于项目承担单位的情况”，值得思考。为此本文建议在《专利法实施细则》修改条款中采用有限列举和兜底条款结合的模式。

四、专利权归属于项目承担单位时国家应享有的权利

将国家财政资助完成的发明创造的所有权授予项目承担单位时，国家必须保留部分权利，以满足国家利益和社会公共利益的需要。本文认为，国家保留的权利主要包括：非独占无偿使用权、介入权、推广应用和收益分配权。

（一）非独占无偿使用权

美国《拜杜法案》（《美国法典》第35篇第18章）第202条（c）（4）规定，如果承包方选择保留发明所有权，则联邦机构对该发明享有一项非独占的、不可转让的、不可撤销的无偿使用权。日本《产业活力再生特别措施法》第30条规定，在受托机构或企业取得研究成果的所有权或专利授权时，国家为了公益之需要可以无偿使用该项研究成果或专利权。我国台湾地区在其相关法律规定中也保留了非独占的无偿使用权。此外，德国、俄罗斯等国相关制度在将研究成果及其知识产权归属于项目承担单位时，都为国家（或政府）保留了无偿的非独占使用权。总之，为国家保留非独占无偿使用权是很多国家的通行做法，而这种做法本身也有其合理性和必要性。我国现有的知识产权制度和政策对于非独占无偿使用权缺乏统一的规定，只是在个别政策中有所涉及。非独占的无偿使用权是国家基于其特殊身份而享有的权利，行使该权利的目的在于确保社会公共利益和国家利益能够得到实现。我国应该明确规定国家享有非独占的无偿使用权，将其作为国家当然享有的一种权利，而不在该权利的享有上设置条件。《科技进步法》（修订案）第20条首次以法律的形式明确了国家行使无偿实施权的条件，即项目承担者在合理期限内没有实施相关知识产权或者为了国家安全、国家利益和重大社会公共利益的需要，国家有权无偿实施该知识产权。

（二）介入权

所谓介入权，即国家机关在一定条件下，得依请求或自行决定介入该研发成果及其知识产权之应用的权力。国家将政府资助形成的研发成果及其知识产权授予项目承担单位之目的在于使其获得最有效的利用，进而直接或间接地使国家和社会公众从中受益。然而，项目承担单位、研发成果及其知识产权的受让人或者被许可人等权利人在取得研发成果及其知识产权后，可能怠于应用这些研发成果或者以不合理的方式应用研发成果，这显然无法使既定的产权机制达到预期的效果。有报告认为，项目承担者运用国家资助科研项目完成的发明创造危害市场竞争时，政府的介入权是必要的。[1]介入权应该确保专利权不会损害公平市场竞争。[2] 此外，在某些情况下，国家出于国家利益或公共利益的考虑，可能需要实施或应用这些研发成果，诸如这些情形都需要国家加以处理。因此，为了避免研发成果被闲置或不合理使用的情况发生，维护国家利益和社会公共利益，几乎所有的国家在规定将研发成果及其知识产权授予项目承担单位的同时，都规定国家享有介入权。

《科技进步法》（修订案）第 20 条第 2 款规定："项目承担者应当依法实施前款规定的知识产权，……在合理期限内没有实施的……也可以许可他人有偿实施或者无偿实施。"第 3 款规定："……国家为了国家安全、国家利益和重大社会公共利益的需要……也可以许可他人有偿实施或者无偿实施。"这一规定体现了我国对相关知识产权的介入权。介入权是行政权对私权的一种干

---

[1] Patent Policy: Hearings on S. 1215 Before the Subcommittee on Science, Technology and Space of the Senate Committee on Commerce, Science and Transportation, 96th Cong. 150 (1979).

[2] Patent and Trademark Law Amendments of 1980: Hearings Before a Subcommittee of the House Committee on Government Operations at 102 (1980).

预，其对权利人的利益影响较大，因而必须对介入权的行使条件进行限制，以防止国家权力的滥用。本文认为，我国介入权的行使条件应当包括两个方面：一是权利人无正当理由在一定期限内未实际应用研发成果，二是权利人违背“本国产业优先”原则。同时，在修订的《专利法实施细则》中应该只规定“许可第三人使用”这种介入方式，即在具备行使介入权的条件时，国家可以许可第三人使用研发成果及其知识产权；应规定由资助机关来行使介入权。介入权的执行对权利人利益影响甚大，因而其执行程序应谨慎、严密，并充分考虑权利人的利益诉求。美国的相关规定无疑值得我们借鉴。首先，在程序执行之前，资助机关应书面告知项目承担单位等权利人，并说明其执行介入权依据的事实和理由；其次，应给项目承担单位等权利人一个陈述意见的机会，由其在一定期限内进行答辩，并可以提交自己的意见和证据；最后，在资助机关做出最终决定以后，权利人若对该决定不服的，应有权提起诉讼。

（三）推广应用

强制推广应用是我国专利制度中的一个特有制度。最早规定“强制推广应用”的是我国1984年制定的《专利法》第14条。2000年《专利法》修改，去掉了“计划”字样，即“指定许可”。《国家高技术研究发展计划知识产权管理办法》（试行）第14条和《关于国家科研计划项目研究成果知识产权管理的若干规定》第6条也规定了推广应用问题。从上述规定来看，我国关于“推广应用”的规定之间存在一些差异：（1）各项规定针对的对象不同；（2）关于“推广应用”的主管机关的规定有所变化；（3）推广应用的实施范围不同；（4）推广应用的补偿机制不同。因此，对“推广应用”进行必要的制度整合势在必行。“国家利益”和“公共利益”当然仍应作为推广应用的条件之一，即国家为了满足“国家利益”或“公共利益”的需要可以对其资助完成的发明创造进行推广应用，这也与2000年修订的《专利法》具有连续性。从维护国家利益和公共利益的角度来说，没有必要限定推广应用的专利类型。不论是发明、实用新型还是外观设计，只要其符合公共利益和国家利益的需求，符合推广应用条件的，都可进行推广应用。在程序的设置上可以借鉴介入权的有关规定：首先，在决定实施推广应用之前，主管机关应书面通知专利权人，并说明理由；其次，赋予相关权利人陈述意见的权利。《科技进步法》（修订案）没有对“推广应用”进行明确规定，是该法的一个缺陷。

（四）收益分配权

我国台湾地区《政府科学技术研究发展成果归属及运用办法》第9条和《经济部及所属各机关科学技术委托或补助研究发展计划研发成果归属及运用办法》第24条都规定了资助机关对研发成果所获得收入的分配权，即项目承担单位应将管理或运用研发成果所获得之收入按一定比例上缴给资助机关。我国《国家高技术研究发展计划知识产权管理办法》第20条规定，对于具有商业化价值和产业化前景的“863”计划项目，研究开发方应当从实施或者转让技术成果的收益中提取一定比例返还委托方，用于支持高技术研究开发活动。但对收益返还的比例未作明确规定，而是由委托方和研究开发方在合同中约定。从投资收益的角度来说，国家作为研发成果的投资人似乎理应享有相应的收益权。但收益分配权却可能削弱权利人开发和利用研发成果的积极性，这与国家的政策宗旨不符，因而大多数国家都没有规定此项权利。其实，权利人有效推广和传播研发成果本身就会使国家和社会间接收益。此外，要真正实现收益分配权的享有还有赖于对权利人研发成果营运及其收益情况的有效监督和财务信息的公开，否则，该项权利在实践中就不具备可操作性。《科技进步法》（修订案）第20条第4款规定项目承担者因实施相关知识产权所产生的利益分配，依照有关法律、行政法规的规定执行；法律、行政法规没有规定的，按照约定执行。本文认为，该规定对相关主体的利益平衡具有非常重要的意义。

五、项目承担单位、发明人及参与项目第三方的权利义务

(一) 项目承担单位的权利义务

以国家财政资助为主的科研项目所完成的发明创造，在涉及和不涉及国家安全或重大利益的情况下，专利权的归属不同，所以享有的权利和履行的义务也有所不同。

(1) 发明创造归属于国家时项目承担单位的权利和义务。以国家财政资助为主的科研项目所完成的发明创造，涉及国家安全或重大利益的，国家可以享有所有权。项目承担单位提供了智力劳动，有的甚至还投入了一定资金，基于经济学的投入产出理论以及利益平衡理论，项目承担单位在履行相关义务的同时，也应该享有一定的权利。本文认为项目承担单位应该享有可撤销的、不可转让的、非独占的无偿使用权和获得经济补偿的权利。同时项目承担单位应该承担报告发明创造及其使用情况的义务。

(2) 发明创造归属于项目承担单位时项目承担单位的义务。权利和义务是对等的，项目承担单位享有发明创造的所有权时，其应承担的义务主要有：报告发明创造、申请专利、资助声明、技术转移、商业化、报告专利实施情况、支付发明人报酬、优先考虑国内产业和优先考虑中小企业等义务。

《科技进步法》(修订案) 第 20 条第 2 款第 1 项规定，项目承担者应当就实施和保护相关知识产权的情况向项目管理机构提交年度报告。该法第 21 条规定，国家鼓励利用财政性资金形成的知识产权首先在境内使用；相关知识产权向境外的组织或者个人转让或者许可境外的组织或者个人独占实施的，应当经项目管理机构批准。可见，《科技进步法》(修订案) 在知识产权归属于项目承担单位时对项目承担单位的义务规定不足。

（二）发明人或设计人的权利

项目承担单位在取得专利权之后，发明人或者设计人有权获得奖励。现行《专利法》第16条规定：被授予专利权的单位应当对职务发明创造的发明人或者设计人给予奖励；发明创造专利实施后，根据其推广应用的范围和取得的经济效益，对发明人或者设计人给予合理的报酬。

发明创造归属于项目承担单位时，发明人除了享有获得奖励和报酬的权利外，还应该享有表明发明人或设计人身份的权利、发明人或设计人征得同意后取得申请专利的权利、实施专利的权利和优先受让的权利。

发明创造归属于国家时，发明人或设计人的权利主要有：发明人或设计人表明身份的权利、获得奖励或补偿的权利。

（三）参与项目第三方的权利义务

随着科技投入多元化格局的日渐成熟，越来越多的企事业单位倾向于通过与国家财政联合资助的方式进行科学研究；同时，专业分工的细化和科研合作在国内和国际上大规模地开展，也使得诸多第三方参与到国家财政资助的科学研究当中。因此，科学、合理界定参与资助和研究的第三方的权利和义务，乃是研究以国家财政资助为主的科研项目完成的发明创造的权利归属所必须予以解决的主要内容之一。

（1）资助第三方的权利。为吸引更多的社会资金投入到研发领域，推动多元化科技投入格局的形成和发展，我国必须在制度层面为参与资助第三方的权利提供保障。一般而言，第三方参与资助的主要目的在于通过部分资助取得相应的知识产权权益。因此，在制度设计上，对主要资助方、参与资助方和项目承担方之间的利益分配可遵从合同优先的原则。

（2）研究第三方的权利义务。我国《国家高技术研究发展计划知识产权管理办法（试行）》第5条、《关于加强国家科技计划知识产权管理工作的规定》第7条和第13条对第三方参与研究的科技成果的知识产权分享也同样采用合同约定的原则。我国参与合作研究第三方的权利和义务原则上也采用合同约定优先。但是，我国对合作方享有哪些法定权利以及政府作为资助方在何种情形下可以介入合作第三方权利的行使缺乏详细的规定。

六、结　语

促进利用国家财政资助科研项目完成发明创造的商业化、提高国家竞争力，关键是要处理好发明创造及其知识产权的归属问题。所以本文以平衡国家、项目承担单位与公众三方利益为原则，在适应国际发展趋势与立足本国国情的基础上，借鉴美国的《拜杜法案》、日本的《产业活力再生特别措施法》和我国台湾地区的《政府科学技术研究发展成果归属及运用办法》等法律法规规章，并依据《科技进步法》（修订案）相关条款，对《专利法》（修订草案送审稿）及《专利法实施细则》或者相关法律法规的修改或者制定提出如下建议：（1）针对以国家财政资助为主发明创造的专利权归属，建议规定：以国家财政资助为主的科研项目完成的发明创造，涉及国家安全或者重大利益的，申请专利的权利或者专利权属于国家，资助协议另有约定的除外；不涉及国家安全或者重大利益的，申请专利的权利或者专利权属于项目承担单位；如果有第三方资助的，申请专利的权利或者专利权由项目承担单位和第三方书面约定，没有约定或者约定不明的，申请专利的权利或者专利权属于项目承担单位；（2）针对专利权归属于项目承担单位时国家应该保留的权利，建议规定非独占无偿使用权、介入权、推广应用等，并对权利执行主体、条件和程序等详细规定，以维护国家和权利人的利益；（3）针对相关权利主体，建议完善国家或者资助单位、项目承担单位、发明人或者设计人和参与资助或者研究的第三方的权利义务，以平衡相关主体的利益，促进国家财政资助资金的有效利用，推动我国科技进一步发展。

第 8 题

我国国家资助科研项目发明创造归属政策绩效分析*

【摘要】 美国《拜杜法案》取得了卓越成果，吸引很多国家积极效仿。我国也制定了类似的政策，其中最重要的是《关于国家科研计划项目研究成果知识产权管理的若干规定》。虽然这些政策的法律效力不高，但是通过绩效分析可以看出这些政策对我国技术创新发挥了重要作用。

美国学者和立法者对美国《拜杜法案》的高度评价，经济发展与合作组织（OECD）对《拜杜法案》实施效果的肯定，以及很多国家大规模地对《拜杜法案》的效仿行为，都源于《拜杜法案》颁布后美国大学等非营利性机构的专利申请量、授权量以及技术许可和技术转移等指标的大幅增加。❶《产业活力再生特别措施法》就是日本版的《拜杜法案》。我国虽然没有在法律层面制定类似的国家资助科研项目形成的发明创造权利归属政策，但是有一系列的

---

* 本文原发表于《科技进步与对策》2009 年第 7 期，作者为乔永忠和万小丽，有较大修改。

❶ Mower, D. C. , Nelson, R. R. and Sampat B. N. : *Ivory Tower and Industry Innovation——University - Industry Technology Transfer Before and After the Bayh - Dole Act*. *Stanford*, California: An Imprint of Stanford University Press, 2004.

部门规章出台。其中2000年科技部发布的《关于加强与科技有关的知识产权保护和管理工作的若干意见》和2002年科技部联合财政部发布的《关于国家科研计划项目研究成果知识产权管理的若干规定》是两个较为重要的部门规章。前者首次确认了对于国家财政投入所形成的知识产权归属于项目承担单位所有，国家仅在特殊的情形下并且合同约定时才予以介入的知识产权归属原则；后者在肯定前者确立的知识产权归属原则基础上，明确指出项目承担单位对归其所有的知识产权享有收益权，并增加了特定情形下国家介入的主要方式。这些部门规章是否对促进我国技术创新发挥了重要作用呢？本文根据能够收集到的现有资料，主要从科研成果产出与转让两个方面来分析发明创造权利归属制度对技术创新的作用。在科研成果产出部分，首先研究国内职务发明专利申请量和授权量与国家资助力度对比分析，然后研究我国主要科技计划产出的专利申请量和授权量与财政资助的对比分析。在科研成果的转让部分，主要研究技术开发和转让合同金额变化情况。

一、国内职务发明专利申请量和授权量与国家资助对比分析

国家资助对象主要是单位，也就是说国家资助项目的科研成果主要体现为国内职务发明专利，特别是技术含量较高的发明专利。国内职务发明专利申请量和授权量包括了非国家资助项目所产生的发明专利，但是在现有条件下，我们无法收集国家资助项目所取得的所有发明专利的申请量和授权量，所以选择国内职务发明专利❶申请量和授权量与国家资助进行对比分析。我们认为这种对比在一定程度上反映了国内职务发明专利申请量和授权量与国家财政科技资助情况的变化趋势。具体情况如图1所示。

❶ 因为国家资助产生的科研成果大多是发明专利，所以这里讨论职务发明专利仅指发明专利，不考虑实用新型和外观设计。

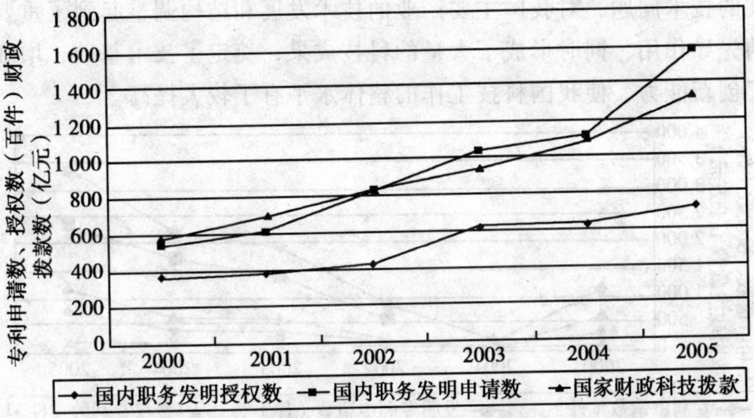

图1 2000～2005年国家财政拨款与国内职务发明专利申请额和授权额对比

数据来源：中国主要科技指标数据库 http：//www. sts. org. cn/kjnew/maintitle/MainTitle. htm，2007年8月6日。

图1说明，2000～2005年期间，我国国家资助力度稳步提高，没有大的起伏。但是在此期间，国内职务发明专利的申请量和授权量都有明显提高，尤其是专利申请量提高比较明显。原因可能是发明专利的授权需要一定的时间，所以授权量相比增长较慢，但是在2002～2003年期间，发明专利申请量和授权量几乎同步有较大幅度的增加，这种增加趋势或许在一定程度上说明了2002年颁布的《关于国家科研计划项目研究成果知识产权管理的若干规定》对技术创新的作用。

二、国家科技攻关计划科技成果产出与国家资助对比分析

国家科技攻关计划是国家的指令性计划，该计划自1983年开始实施以来，在科技促进农业发展、传统工业的技术更新、重大装备的研制、新兴领域的开拓以及生态环境和医疗卫生水平的提高等方面都取得了重大进展，解决了一批国民经济和社会发展中难度较

大的技术问题，对我国主要产业的技术发展和结构调整起到了重要的先导作用，同时形成了大量的科技成果，奠定了技术基础，增强了创新能力，使我国科技工作的整体水平有了较大提高。

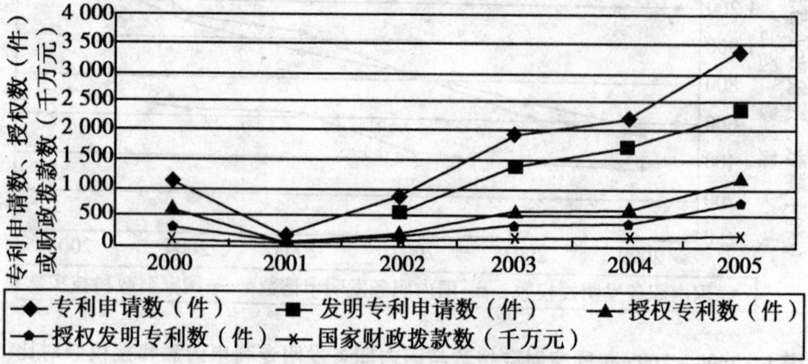

图 2　2000～2005 年国家科技攻关计划财政援款与专利产出对比

数据来源：中国主要科技指标数据库 http：//www. sts. org. cn/kjnew/maintitle/MainTitle. htm，2007 年 8 月 6 日。

国家科技攻关计划在 2000～2005 年期间的科技成果产出（包括专利申请量、发明专利申请量、授权专利数和授权发明专利数）与国家资助情况如图 2 所示。可以看出，此期间国家对国家科技攻关计划的资助金额稳定增长。不过由该计划完成的科技成果除在 2001 年有一个特别低的产出率外，❶ 从 2002～2005 年 4 年中呈明显增加趋势，尤其是 2002～2003 年和 2004～2005 年两个时间段，增长幅度较大。

三、“973” 计划科技成果产出与国家资助对比分析

“973” 计划（亦称国家重点基础研究发展计划）的战略目标是：加强原始性创新，在更深的层面和更广泛的领域解决国家经济

❶ 2001 年的科技成果产出率如此之低，我们无法根据现有的资料解释。

与社会发展中的重大科学问题，以提高我国自主创新能力和解决重大问题的能力，为国家未来发展提供科学支撑。该计划紧紧围绕农业、能源、信息、资源环境、人口与健康、材料等领域国民经济、社会发展和科技自身发展的重大科学问题，开展多学科综合性研究，在提供解决问题的理论依据和科学基础方面发挥了重要作用。

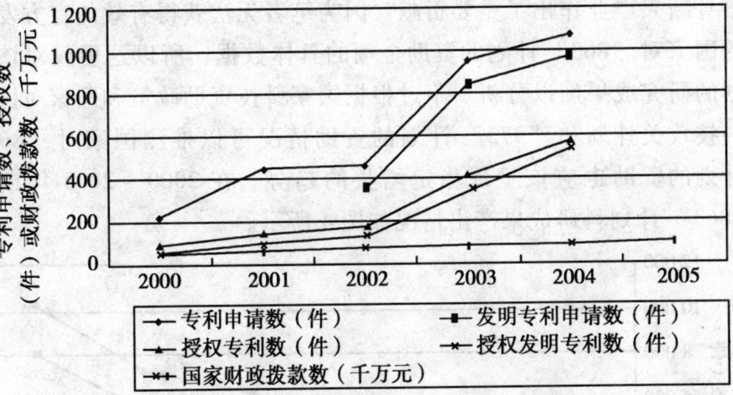

图3　"973"计划专利产出与国家财政拨款对比

数据来源：中国主要科技指标数据库 http：//www. sts. org. cn/kjnew/maintitle/MainTitle. htm，2007年8月6日。

图3反映了国家在2000~2005年期间对"973"计划的资助情况和此期间由该计划完成的科研成果而提交的专利申请、发明专利申请、专利授权和发明专利授权情况。可以看出，在此期间，国家对"973"计划的投资呈稳定增长趋势，专利申请量、发明专利申请量、专利授权量和发明专利授权量都表现出增长趋势，而且从2002~2003年上述指标增加幅度明显提高。

四、"863"计划科技成果产出情况分析

"863"计划从世界高技术发展趋势和中国的需要与实际出发，坚持"有限目标，突出重点"的方针，选择生物技术、航天技术、

信息技术、激光技术、自动化技术、能源技术和新材料7个领域15个主题作为我国高技术研究与开发的重点。该计划组织建设了一批高技术研究开发中心，凝聚、培养和造就了新一代高技术研究开发队伍，为我国高技术的持续发展储备了人才，形成了大量的科技成果，并且为推动阶段成果商品化、产业化，为改造传统产业、培育新兴产业作出了重要贡献。因为笔者无法获得有效的官方发布的国家对“863”计划的资助金额的具体数据，所以这里仅对该计划的研究成果加以分析。不过根据国家科技资助政策和国家对国家科技攻关计划和“973”计划的资助情况可以推测国家对“863”计划的资助也应该呈现稳定增长的趋势。在2000～2005年期间“863”计划科研成果产出情况如图4所示。

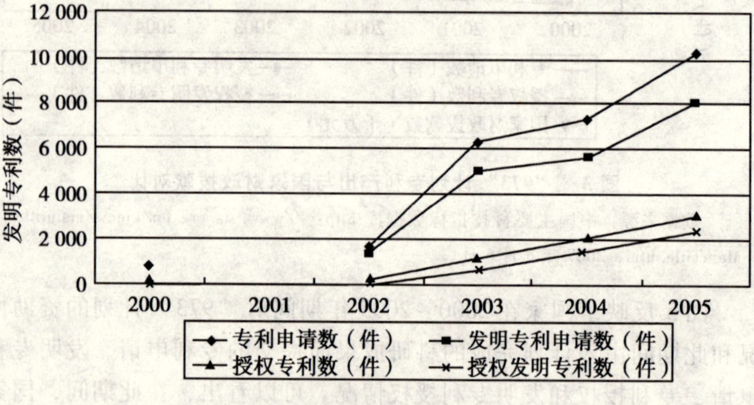

图4 “863”计划成果产出情况

数据来源：中国主要科技指标数据库 http：//www. sts. org. cn/kjnew/maintitle/MainTitle. htm，2007年8月6日。

由图4❶可以看出，“863”计划在2000～2005年的专利申请量、发明专利申请量、专利授权量和发明专利授权量都呈增加趋

❶ 根据现有资料，无法获得2001年数据，但是科技成果的增长趋势还是比较明显。

势，尤其是专利申请量和发明专利申请量，2002～2003 年期间增加趋势更为明显。

五、2000～2005 年我国科技成果交易情况分析

发明创造及其专利权的最终价值体现在为社会或个人带来的利益，换句话说，如果发明创造的应用越广泛，带给权利人的利益越多，那么它价值就越高。技术交易情况反映了市场对该发明创造的认可程度，也反映了权利人从中可以获得利益的预期。所以技术交易情况更能说明科研成果的变化趋势。

从 2000～2005 年全国技术市场成交金额情况可以看出，此期间全国成交技术合同金额和企业购买的合同金额基本呈平行上升趋势，这种趋势在 2002 年以后显得更为明显（见图 5）。

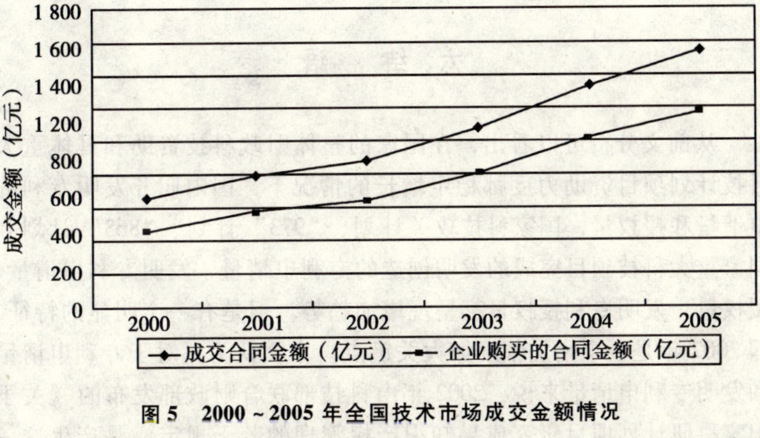

图 5　2000～2005 年全国技术市场成交金额情况

数据来源：中国主要科技指标数据库 http：//www. sts. org. cn/kjnew/maintitle/MainTitle. htm，2007 年 8 月 6 日。

2000～2005 年全国技术市场技术开发和技术转让合同成交金额情况显示，此期间全国技术开发成交合同金额基本呈稳定增长趋势，但是技术转让成交合同金额变化趋势在不同年份的表现不同，

在 2002 ~2004 年期间增长比较明显（见图 6）。

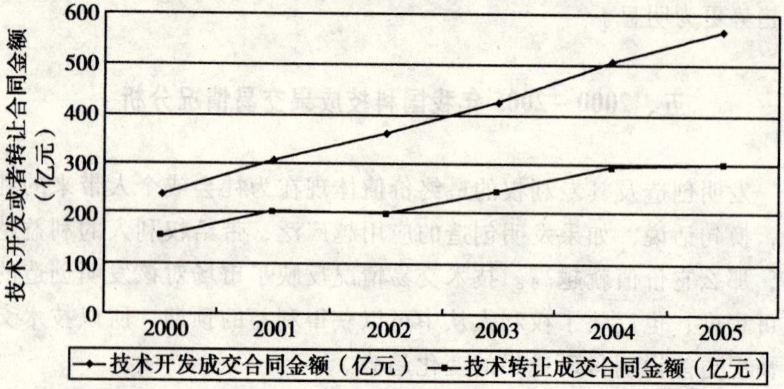

图 6　2000 ~2005 期全国技术开发和转让合同成立金额情况

数据来源：中国主要科技指标数据库 http：//www. sts. org. cn/kjnew/maintitle/MainTitle. htm，2007 年 8 月 6 日。

六、结　语

从前文分析可以看出，在国家的整体财政科技资助和具体重大科技计划项目资助力度都稳定增长的情况下，国内职务发明专利的申请量和授权量，国家科技攻关计划、“973”计划、“863”计划等国家重大科技项目完成的发明创造的专利申请量、发明专利申请量、授权量、发明专利授权量都呈现增加趋势。但是有一个明显的特征，即 2002 年是一个增加幅度加大关键点。本文认为，对于专利申请量和发明专利申请量来说，2002 年由科技部联合财政部发布的《关于国家科研计划项目研究成果知识产权管理的若干规定》是产生这一现象的主要原因之一。综上所述，我国虽然没有类似于《拜杜法案》的法律规范国家资助项目完成的发明创造的权利归属等问题，但是类似的部门规章也为我国技术创新发挥了重要作用。当然，因为这些部门规章已经不能满足我国科技创新的需要，所以将它们经过修订完善上升到法律地位，已经成为我国建设创新型国家的需要。

第三编

专利维持时间与专利质量

第 9 题

基于维持时间的发明专利质量实证研究*

——以中国国家知识产权局 1994 年授权的发明专利为例

【摘要】 专利质量具有较强的不确定性，用传统方法很难确定其高低。通过研究发明专利从授权到因未缴专利年费而被终止的时间情况反推专利质量具有一定的合理性。本文对国家知识产权局 1994 年授权的 3 838件发明专利中因未缴年费而被终止的 2 921件的相关数据分析表明：这些发明专利的平均维持时间较短；来自国外的发明专利的维持时间明显长于来自国内的发明专利；相对其他权利主体，科研院所拥有的发明专利被终止速度最快。从因未缴年费而被终止的视角来看，1994 年授权的发明专利特别是国内发明专利质量较低。最后提出了提高我国专利质量的建议。

一、引　言

近年来,我国的专利申请量和授权量大幅增长。截至 2007 年 6

* 本文发表于《管理世界》2009 年第 1 期，作者为朱雪忠、乔永忠、万小丽，内容有较大修改。

月底，中国国家知识产权局共受理专利申请3 603 293件，其中发明专利申请1 193 856件，占总申请量的33.1%；授权专利总量为1 905 254件，其中发明专利为328 534件，占总授权量的17.2%，❶发明专利授权率（授权率=授权数/同期申请数）为27.5%。截至2007年6月底，我国共有有效专利831 374件，其中发明专利为242 435件，国内权利人拥有的有效发明专利83 018件，国外权利人拥有的有效发明专利159 417件；❷ 我国发明专利维持率为73.8%（维持率=有效专利数/同期授权数）。也就是说，我国国内权利人实际拥有的有效发明专利只约占我国有效专利总量的10%、授权总量的4.4%、申请总量的2.3%。世界知识产权组织（WIPO）公布的《2007年WIPO专利报告》显示，2005年全球有效发明专利总量为560万件。据此可以初步推测，截至2007年6月底，我国有效发明专利数量约占2005年全球有效发明专利数量的4.3%。而美国和日本在2005年拥有的有效发明专利数量分别占当年全球发明专利数量的28%和21%。❸ 我国国内权利人实际拥有的有效发明专利约占2005年全球有效发明专利数量的1.5%。可见国家知识产权局授权的有效发明专利特别是国内权利人持有有效发明专利的数量不容乐观。

拥有一定数量和质量的发明专利是衡量一个国家是否进入创新型国家行列的重要标志之一。就技术创新而言，专利质量比专利数量更重要（Hartwick，1991）。所以，在我国发明专利申请量和授权量大幅增长的过程中，对发明专利质量问题进行实证研究，不仅

---

❶ 国家知识产权局规划发展司："2007年上半年专利申请与授权状况综述"，载《专利统计简报》，2007年第10期。

❷ 国家知识产权局规划发展司："2007年上半年我国有效专利状况分析"，载《专利统计简报》，2007年第13期。

❸ WIPO Patent Report：Statistics on Worldwide Patent Activity（2007 Edition）. http：//www.wipo.int/ipstats/en/statistics/patents/patent _ report _ 2007.html#P757_ 42609，2007年8月11日。

有利于了解我国发明专利质量的现状，认清我国与其他国家特别是与发达国家在专利竞争力方面的差距，而且有利于明确影响发明专利质量的因素，继而探索实现发明专利数量和质量协调增长的途径。

所谓专利质量是指专利的优劣程度。这种优劣程度根据对象不同可以区分为专利针对社会的优劣程度（社会价值）和针对权利人的优劣程度（个体价值）。专利针对社会的优劣程度是指授予专利的发明创造对社会的影响程度。针对社会而言，如果影响程度越高，发明创造的价值就越大，授予该发明创造的专利质量也就越高，但是这种影响程度很难测度。专利针对权利人的优劣程度是指授予专利的发明创造对权利人的商业价值的大小。针对权利人而言，商业价值越大，专利质量越高。但专利交易市场的不完善和交易数据的收集难度使得对专利商业价值的研究较为困难。总之，专利质量具有很强的不确定性，用传统方法很难确定其高低。鉴于绝大多数国家和地区的专利法规定专利权人为了使其专利有效必须交纳年费，所以关于专利维持的数据资料和年费交纳情况就包含了专利质量分布的信息。因此本文试图通过从发明专利未缴专利年费而被终止这一现象反推专利质量，即在其他条件不变的情况下，专利维持时间[1]与专利质量成正相关，专利维持时间越短，专利质量越低，反之专利质量越高。从经济学理论的理性经济人假设出发，一个理性经济人在交纳年费维持发明专利时，必须权衡维持该发明专利的成本与收益。对个人而言，收益的多少直接体现了专利质量高低。因此本文从发明专利因未缴年费而被终止的视角研究发明专利质量或许是一个较好的尝试。

国外在20世纪80年代就有学者从事这方面的研究。Schanker-

[1] 根据我们统计，因为其他原因提前终止的发明专利极为少见，所以以下所称维持时间，如果没有特殊说明，均指发明专利从授权到因未交专利年费而被终止的时间。

man & Pakes 通过模型预计专利维持比例序列和描述初始回报分布与衰减速率的参数矢量两者之间的关系得出专利质量的分布并描述其随时间变化特征的方法，利用 1950 ~ 1976 年英、法、德三国专利维持率对其专利质量的分布进行了估计。[1] Richard J. Sullivan 采用类似方法对英国和爱尔兰的 1852 ~ 1876 年专利质量进行了评价。[2] Kimberly A. Moore 通过对美国近 10 000余件授权专利的维持时间的特征研究发现了一些维持时间长的专利的共同特征，从而为评价专利质量提供了较为充分的证据。国内对专利质量问题研究较少，而根据授权专利维持时间长短研究专利质量的更少。[3] 学者高山行、郭华涛运用 Schankerman 和 Pakes 的专利评估模型，对中国的专利质量进行了评估和分析，结论是专利数量大幅度增长的同时，专利总价值上升幅度不是很大。[4] 学者陆飞和吴桂琴对 4 所原教委所属的高校专利权提前终止的因素进行了探析，[5] 但是基于维持时间的发明专利质量问题未见研究。

本文试图采用社会统计分析方法 SPSS 软件（11.5），对中国

---

[1] Schankerman M. & Pakes. A. Estimates of the value of patent rights in European countries during the post21950 period, The Economic Journal, 1986, (11): 1052 ~ 1076.

[2] Richard J. Sullivan, Estimates of the value of patent rights in Britain and Ireland: 1852 ~ 1876, Economics, 1994, (1): 37 ~ 58.

[3] Kimberly A. Moore, Xenophobia in American Courts, 97 NW. U. L. REV. 2005: 1497, 1543 ~ 1544.

[4] 高山行、郭华涛：“中国专利权质量估计及分析”，载《管理工程学报》2002 年第 3 期。

[5] 陆飞、吴桂琴：“四所委属重点高校专利权提前终止因素探析”，载《研究与发展管理》1994 年第 5 期。

国家知识产权局1994年全年授权的3 838件发明专利❶中因未交专利费而被终止的2 921件进行分析，主要考查这些发明专利中，被终止发明专利平均维持时间以及在授权后1~3年、4~6年、7~9年和10~12年四个时间段被终止发明专利的比例和特征，最后在研究结论的基础上提出提高我国发明专利质量的建议。

二、数据收集、统计和变量设计

（一）数据收集

登录中国知识产权网（CNIPR）网站的专利检索窗口，进入中外专利数据库服务平台，检索公告日在1994年期间的授权发明专利目录（共有发明专利3 838条）。因为本数据库中不支持权利要求数目指标查询，所以根据该发明授权专利目录到中国专利信息中心网站的中国专利文摘数据库中查询有关指标（下文详细论述）。另外在国家知识产权局网站的法律状态查询窗口检索有关发明专利的法律状态。通过对1994年授权的发明专利相关数据（截止2007年4月30日）进行逐条统计，形成《1994年国家知识产权局授权发明专利相关信息数据库》，作为本文数据分析的依据。或许读者会觉得选择1994年的数据比较陈旧，甚至过时，代表性不强。我们认为，对国家知识产权局授权发明专利因未缴年费而被终止的问题研究，选择1994年的数据比较恰当。如果选择时间靠后，优点

---

❶ 由于发明专利的授权需要经过实质审查，一般认为发明专利的质量更好、技术含量最高，国内外很多机构将发明专利数量作为指标来衡量企业、地区和国家的创新能力。参见国家知识产权局规划发展司2006年12月1日发布的《专利统计简报》（2006年第2期）。另外2007年9月10日，国家发展和改革委员会网站发表文章认为，发明专利拥有量是评价国家认定企业技术中心的重要指标之一。参见http：//www. sipo. gov. cn/sipo/xwdt/ywdt/2007/200709/t20070912_ 200347. htm.

是数据新，缺点是时间太短，不能较好地反映发明专利维持时间的发展趋势；如果选择时间太靠前，优点是充分显示发明专利维持时间的发展趋势，缺点是数据陈旧。另外，选择1994年，恰好可以显示4个时间段（专利年费收缴数量每3年增加1个基数）的发明专利维持情况，即到2006年年底的数据正好说明发明专利授权后的1~3年、4~6年、7~9年和10~12年的维持情况。

（二）数据统计方法

WIPO发布的专利年度报告和国家知识产权局规划发展司发布的《专利统计简报》对有效发明专利的统计方法都是基于当前某一时间点，统计在这一时间点上的有效发明专利的数量。这一方法对研究发明专利维持状况的优点是数据容易获取，不足是计算出维持率偏高，如引言中计算得出的我国发明专利维持率高达73.8%。之所以有如此之高的维持率是因为近年来我国发明专利授权量和授权率都有较大提高，因此该方法对发明专利的维持状况不能很好地表述，也无法有效衡量发明专利的质量。为此我们采用与该方法不同的数据统计方法，尽量避免这种不足，即以过去某一时间段（如一年）为基点，统计这一时间段授权的发明专利到目前某一时间点时的维持状况。用这种数据统计方法研究发明专利的维持状况优点是比较客观，理由是所统计的发明专利是在同一时间段获得授权，研究它们的维持状况具有较好的可比性。该方法的缺点是数据需要逐项统计，工作量很大。

（三）变量设计

为了在现有数据库条件下，最大限度地反映影响因变量发明专利的维持时间的因素，本文选择以下自变量：（1）权利要求数。权利要求分为独立权利要求和从属权利要求。权利要求数目及其内容是对发明专利的权利范围的限定，也是确定侵权与否的依据所在。现有数据库中没有区分独立权利要求数和从属权利要求数，所以统计中的权利要求数是独立权利要求数和从属权利要求数总和。(2) 发明人的数量。(3) 权利人类型。为研究方便，本文将权利人的类型划分为：工矿企业、科研院所、个人和机关团体四类。工矿企业包括各类国有工矿企业、民营工矿企业和合资工矿企业等。科研院所包括各类高等院校和研究机构，机关团体指国家机关等。当权利主体是不同类型的权利人时，按照第一权利人的类型统计。(4) 权利人的国别。权利人区分为国内权利人和国外权利人，当权利人是不同国别的权利人时，按照第一权利人的国别统计。(5) 从申请到授权所需的时间。即指从申请日到授权日所需的时间。(6) 专利国际分类。A：生活需要；B：作业，运输；C：化学，冶金；D：纺织，造纸；E：固定建筑物；F：机械工程，照明，加热，武器，爆破；G：物理；H：电学。需要说明的是，在研究国家知识产权局授权的发明专利维持时间时，一个重要变量——发明专利的引证指数（前引和后引），[1] 无法在现有数据库中获取，为本文变量设计带来了难度。

需要特别指出的是，影响发明专利维持时间的因素很多，本文仅从专利文献的角度，对可能影响发明专利维持时间的因素进行分析。

三、数据处理与结果分析

（一）基本情况

以《1994年国家知识产权局授权发明专利相关信息数据库》为依据，采用SPSS软件（11.5）对1994年授权的3 838件发明专利进行分析。结果表明，截至2007年4月30日继续有效的发明专

---

[1] 在美国、欧盟和日本三大专利局授权专利的数据库中该变量均可获取。

利 875 件，占授权发明专利总数的 22. 8%；届满 35 件，占授权发明专利的 0. 9%；声明放弃而终止的发明专利与视为放弃、撤销和无效的发明专利共 7 件，占授权发明专利的 0. 2%。因为未缴年费而被终止专利权的发明专利 2 921 件，占授权发明专利总数的 76. 1%。被终止的发明专利的平均维持时间为 5. 05 年，标准方差为 3. 165。

（二）因未缴年费而被终止的发明专利数量随维持时间的变化情况及其原因分析

因未缴年费而被终止专利权的发明专利数量随维持时间变化的具体情况如图 1 所示。

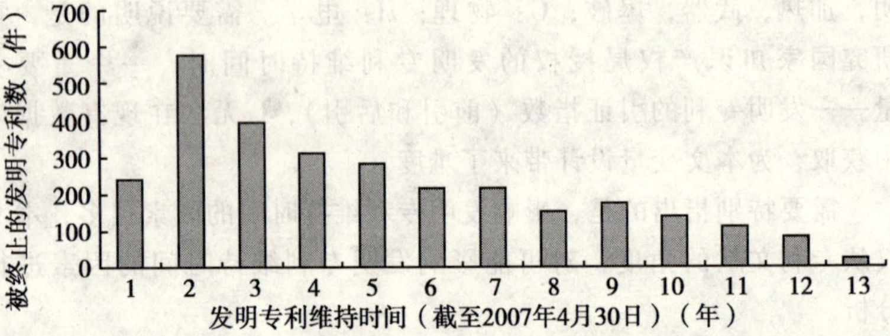

图 1　因未交年费而被终止专利权的发明专利数量变化情况

由图 1 可知，授权后第 2 年是因未缴专利年费而被终止的发明专利数量最多（577 件，占总数的 19. 8%）的一年。从第 2 年后，发明专利被终止数量整体呈下降趋势，但是授权后第 9 年（2003 年）与第 8 年（2002 年）相比，被终止的发明专利数量略有回升。其主要原因可能是，我国加入世界贸易组织后，为履行 TRIPs 协议第 70 条的规定，国家知识产权局颁布了第 80 号公告，规定 1992 年 12 月 31 日前向原中国专利局提出申请，到 2001 年 12 月 11 日仍然有效的发明专利权，其专利有效期由申请日起 15 年延长为自申请日起 20 年，从而使得 2002 年被终止的发明专利数量减少。

上述数据和图表说明，1994 年国家知识产权局授权发明专利的平均维持时间短，被终止速度快。我们认为主要原因有下列几个方面。(1) 专利战略意识薄弱。部分专利申请人申请专利的目的不是为了获得专利这种无形资产，即申请专利不是为了实施、许可或者转让该技术，更不是为了威慑竞争对手、占领更多的市场份额。相反，申请专利是为了评职称、升职，甚至是为了装点门面。例如有的单位乃至地方政府，为了提高本单位或者本地区专利申请数和授权数，制定了一系列的鼓励政策，但是却不考虑授权专利的维持情况和使用情况。❶ (2) 专利管理水平低。近几年才开始在大型企业成立知识产权部，在重点高校成立知识产权管理办公室，但是在一般企业和普通高校成立知识产权管理部门的还很少。是否申请专利、申请哪些专利、是否维持专利、维持哪些专利、维持多长时间等，在很多情况下缺乏有效的约束机制和战略规划，往往是由发明人或者课题组随意处理。专利授权后，大多数情况下维持费由发明人或者课题组承担，在科研院所尤其如此。更为严重的是，申请专利、获得授权可以得到单位在评定职称、升职等方面的优先考虑，但是单位特别是科研院所对专利维持时间的长短考虑较少。(3) 对发明创造的技术前景了解不够。有些专利应该放弃，比如因为该领域技术发展很快，已经有了新的替代技术，维持该发明专利已经没有意义；又比如作为威慑竞争对手而存在的专利，因为竞争对手被本企业合并或者其他原因使得竞争对手不存在时，即可放弃该专利。有些专利经过本单位专利管理部门认真分析后，认为维持专利的成本已经超过专利可能带来的收益时，即可放弃专利。所以在适当的条件下放弃专利，对单位而言并不一定是坏事，对社会公众更是好事。然而这种情况却不是目前授权专利大幅度被终止的

❶ 这些鼓励政策中有些很不完善，从而使得专利申请出现了严重的不规范现象，为此国家知识产权局于 2007 年 8 月 27 日出台了《关于规范专利申请行为的若干规定》。

主要原因。对一些暂时没有市场价值，但随着技术的成熟，不久就会有市场的专利缺乏战略分析，随意放弃是极不恰当的。事实证明，目前我国专利利用率不高，随意放弃专利的现象较为严重。另外专利技术的可实施性和专利产品的市场份额也是影响专利维持时间的重要因素。一项专利技术，如果很容易实施，并且该专利产品又有好的销路，替代产品也较少时，拥有专利的单位就不会轻易放弃该专利。（4）专利技术市场化水平低。并不是所有的专利申请人申请专利都是为了自己实施专利。因为技术所处领域不同，申请人的实施条件所限，注定有一部分专利不能被申请人自己实施，而是通过许可、转让、质押、入股、投资等方式获得收益。但是由于专利技术市场的不完善，妨碍了这些专利价值的实现，减少了专利收益。所以即使维护专利的成本没有变化，专利收益的减少也会导致专利大量被终止。（5）专利审查采用现有技术的范围较窄和创造性高度较低。现有技术应当在申请日之前处于能够为公众获得的状态，并包含能够使公众得知实质性技术知识的内容。❶ 现有技术的范围越宽，新颖性程度就越高，专利维持时间就有可能较长。所以，新通过的《专利法》将原《专利法》规定的相对新颖性标准修改为绝对新颖性标准，即不仅申请日（有优先权的，指优先权日）前在国内外出版物上公开发表的现有技术可以破坏该发明专利申请的新颖性，而且在国内外公开使用或者以其他方式为公众所知的技术也可以破坏该专利申请的新颖性。发明的创造性是指同申请日之前已有的技术相比，该发明有突出的实质性特点和显著的进步。❷ 突出的实质性特点是指对所属技术领域的技术人员来说，发明相对于现有技术是非显而易见的；显著性进步是指发明与现有技术相比能够产生有益的技术效果。❸ 可见，实质性的突出程度和进

---

❶ 《专利审查指南》第二部分第三章2.1。

❷ 《专利法》第22条第3款。

❸ 《专利审查指南》第二部分第四章2.2和2.3。

步的显著程度，即创造性高度决定了专利创新程度，所以专利维持时间在很大程度上受创造性高度的制约。为了提高发明专利质量，现有专利审查制度中创造性高度判断标准和判断方式均应该做适当调整。美国为提高专利质量，其最高法院于2007年4月30日作出判决，调整了非显而易见性（创造性）的判断标准和判断方式。❶这方面的经验值得我们参考。（6）专利侵权的认定和赔偿数额确定方式的不完善。专利技术的无形性、专利侵权的隐蔽性、专利侵权认定的不确定性和专利侵权损害赔偿数额的难以确定性，增加了维护专利的成本和风险。如果说权利要求书是申请人和专利局共同划定的专利权保护范围，那么专利侵权认定就是法官对这一范围的解释，甚至是重新认定。赔偿数额或者说侵权成本与侵权收益的差额直接影响侵权行为发生的可能性，也直接影响权利人收益。因为司法实践中侵权认定和赔偿数额不利于有效保护专利权，导致侵权可能性增加，无形中减少了专利权人的市场份额，降低了其市场收益，从而增加了专利权人放弃专利的可能性。美国为了提高专利质量而进行的新一轮专利法修改的主要内容之一就是修改专利侵权赔偿数额的认定方式。❷（7）专利年费的数额较高和不同档次之间增加数额的幅度较大。专利权人是否维持专利，取决于其权衡维持专利成本和收益的结果。发明专利获得授权后，就维持而言，成本主要是交纳年费。所以年费的多少和不同档次之间增加数额幅度的大小会对专利权人是否维持专利产生直接影响。实践中，很多专利权人特别是科研院所放弃一些有价值的专利的主要原因是因其资金所

---

❶ 见KSR诉Teleflex显而易见性案，本案是自20世纪70年代以来，美国最高法院受理的第一件有关“非显而易见性”的专利案件。

❷ 《美国专利改革法案》（2007年）将从3个方面对现行《专利法》作出修改：一是以“先申请制”取代“先发明制”；二是对专利授权后异议程序作出修改；三是由以往按含有侵权技术的商品数量计算赔偿金额改为以实际专利技术价值来判断。

限，无法缴纳专利年费所致。

（三）不同时间段因未缴年费而被终止的发明专利相关定距变量变化比较

将发明专利授权后每 3 年为 1 个阶段进行分别考查，4 个时间段后，刚好是 2006 年结束。因此接下来的讨论除去了 2007 被终止的 24 件发明专利，即本部分内容的实际样本数为 2 897。相关定距变量为权利要求数、从授权到被终止所需时间和发明人数。

如表 1 所示，发明专利授权后因未缴年费而被终止的数量呈明显下降趋势，其中在授权后 1 ~ 3 年、4 ~ 6 年、7 ~ 9 年、10 ~ 12 年内被终止专利权的发明专利数分别占总被终止发明专利数的 41.8%、27.9%、18.9% 和 11.4%。

与中国国家知识产权局授权发明专利因未缴专利年费而被终止的数量的变化趋势不同，美国专利商标局授权的专利因未缴年费而被终止的数量呈先增加而后降低的趋势（见表 2），其中授权后 1 ~ 4 年被终止的专利数只占 29.9%，比我国授权后 1 ~ 3 年内被终止的发明专利数占 41.8% 低许多。一个非常有趣的巧合是，中国发明专利在授权后 1 ~ 6 年被终止的累计百分率（69.7%）与美国专利授权后 1 ~ 8 年被终止的累计百分率（69.1%）非常接近。可见，中国国家知识产权局授权发明专利的维持时间明显少于美国专利商标局授权的专利。

表 1　授权后在不同时间段的相关定距变量变化

维持时间（年）	权利要求数均值	发明人数均值	从申请到授权所需时间均值	被终止发明专利数	百分比（%）	累计百分比（%）
1 ~ 3	6.71	2.69	3.89	1 211	41.8	41.8
4 ~ 6	8.33	2.43	3.92	808	27.9	69.7
7 ~ 9	9.16	2.67	3.94	547	18.9	88.6
10 ~ 12	9.69	2.49	3.97	331	11.4	100

表2　美国专利商标局授权的专利授权后在不同时间相关定距变量变化

维持时间（年）	权利要求数均值	发明人数均值	从申请到授权所需时间均值	被终止发明专利数	百分比（%）	累计百分比（%）
1～4	11.44	1.82	2.10	15 514	29.9	29.9
5～8	11.95	1.99	2.13	20 340	39.2	69.1
9～12	12.63	2.07	2.18	16 095	30.9	100

注：该数据为截至2003年美国专利商标局1991年授权专利的相关数据（Kimberly A. Moore，2005）。

4个时间段的发明专利维持时间随着权利要求数均值和从申请到授权所需时间均值的增加而增加，发明专利维持时间随着发明人数量均值的变化呈波浪形变化。对比中国国家知识产权局授权发明专利和美国专利商标局授权专利在不同时间段因未缴专利年费而被终止情况的有关定距变量变化可知（见表1和表2），权利要求数均值都呈增长趋势。但是前者的权利要求数均值明显低于后者，且随维持时间的延长，前者权利要求数增加幅度明显大于后者。

专利权利要求是专利权人自己主张的其发明所应当保护的范围，其作用主要表现在以下方面：（1）表达申请人请求保护的主观意愿，界定发明的内容；（2）界定专利权保护的边界，即判定是否侵权的主要依据；（3）向社会公示专利权利的范围。[1][2] 权利要求书应当有独立权利要求，也可以有从属权利要求。独立权利要求应当从整体上反映发明或者实用新型的技术方案，记载解决其技术问题的必要技术特征。从属权利要求应当用附加的技术特征，对引用的权利要求做进一步限定。[3] 在一件申请中，独立权利要求所限定的一项发明专利的保护范围最宽。如果一项权利要求包含了另一项同类型权利要求中的所有技术特征，且对另一项权利要求的技

[1] 董涛：《专利权利要求》，法律出版社2007年版，第47页。

[2] 闫文军：《专利权的保护范围：权利要求解释和等同原则适用》，法律出版社2007年版，第23页。

[3] 《专利法实施细则》第21条。

术方案做了进一步的限定，则该权利要求为从属权利要求。由于从属权利要求用附加的技术特征对所引用的权利要求做了进一步的限定，所以其保护的范围落在其所引用的权利要求的保护范围之内。发明专利包含的权利要求超过一定的数量，申请专利的成本就会增加（权利要求数超过 10 项需要额外收费），同时因为增加审查内容而延长从申请到授权所需的时间。一项发明专利申请包含的独立权利要求越多，就意味着其遭受侵权的可能性越大[1][2]，判定该发明专利全部无效的可能性则越小，所以对潜在侵权者的威胁也就越大。从这个角度来看，在其他条件相同的情况下，一项发明专利包含的权利要求数越多，专利权人从中获得的收益就会越多，维持的时间就越长，专利质量也就越高。表 1 和表 2 表示的中国国家知识产权局和美国专利商标局授权的专利的权利要求数均值随着专利维持时间的增加而增加的现象验证了上述推理。另有学者认为，专利申请的权利要求数能够较好地反映国家技术创新能力[3][4]。这也在一定程度上佐证了前述观点。

比较表 1 和表 2 可知，美国专利商标局授权专利和中国国家知识产权局授权发明专利维持时间随着从申请到授权所需时间均值的增加均呈上升趋势。但是美国专利商标局授权专利从申请到授权所需时间明显少于中国国家知识产权局授权发明专利所需时间。

一项授权发明专利必须经过申请、形式审查、公开、实质审查和授权几个阶段。不同发明专利之所以从申请到授权所需时间不

---

[1] Kimberly A. Moore，Are District Court Judges Equipped to Resolve Patent Cases? 15 *HARV. J. L. & TECH.* 1，2001.

[2] Kimberly A. Moore，Worthless Patents. George Mason University School of Law，Working paper Series，2003.

[3] Reitzig M. What determines patent value? Insights from the semiconductor industry，*Research Policy*，2003，Vol. 32：13 ~ 26.

[4] Tong & Frame J D. Measuring national technological performance with patent claims data，*Research Policy*，1995，Vol. 23：133 ~ 141.

同，主要原因是实质审查阶段所需要的时间不同。一般而言，实质审查所需时间越长，从申请到授权所需时间也越长（暂不考虑提前公开）。从专利审查实践来看，实质审查所需时间长的原因主要有两个方面：一是专利申请中权利要求书和说明书内容较多，涉及技术较为复杂，审查员审查需要花费较多的时间；二是专利申请不符合审查要求，需要反复修改，所以花费较多的时间。从申请到授权所需时间的多少不仅影响申请人的成本、考验申请人的耐心，而且反映了申请人对发明专利的收益的预期。通常情况下，申请人对发明专利收益的预期越大，即发明专利的质量越高，对从申请到授权所需时间的忍耐力就越大，否则就会中途放弃。在专利申请实践中，有很多这样的例子。从表 1 和表 2 反映的专利维持时间随着从申请到授权所需时间的增加而增加的现象同样验证了上述分析。

比较表 1 和表 2 可知，美国专利商标局授权专利的维持时间随发明人数的增加而增加；在中国国家知识产权局授权发明专利维持时间与发明人数的多少关系不明显。

一项专利的发明人越多，专利的维持时间是否一定越长呢？表 2 说明美国专利商标局授权专利的维持时间和发明人数呈现正相关。表 1 说明我国国家知识产权局授权发明专利的维持时间和发明人数关系不明显。不过在统计数据的过程中，我们发现国家知识产权局授权的国内申请人申请的发明专利的发明人数有异常情况，例如有些发明专利，技术很简单，权利要求只有 1 项，说明书也很简单，但是发明人却有八九个。这与国外申请人在我国国家知识产权局申请的发明专利情况截然相反。产生这种现象的原因也许是我国发明人的知识产权意识不强，对发明人的意义认识不够所致。这一现象或许能够说明表 1 所反映的专利维持时间与发明人数均值之间关系不明显的原因。不过，我们认为，一项发明创造与发明人的多少关系不大。我国《专利审查指南》规定一项发明创造要想获得专利授权，必须满足单一性要求。满足单一性要求的发明创造一般只需要一个发明创意或者灵感。发明人是对发明创造做过实质性贡献的人，这里的实质性贡献应该是指对发明创意或者灵感的贡献。所以发明人数多并不一定发明专利维持时间就长。

（四）不同主体类型在不同时间段因未缴年费而被终止的发明专利情况比较

授权后因未缴年费而被终止发明专利的不同主体类型分布情况（表3）表明，4个时间段中工矿企业、科研院所和个人（因机关团体的样本量太小，暂不讨论）拥有发明专利被终止的数量都呈减少趋势，但是这种降低趋势的幅度却大不相同。

表3　不同主体类型被终止发明专利分布

维持时间（年）	工矿企业		科研院所		个人		机关团体	
1～3	518	33.0%	404	61.3%	271	42.5%	18	62.1%
4～6	454	28.9%	148	22.5%	200	31.5%	6	20.7%
7～9	357	22.7%	75	11.4%	113	17.7%	2	6.9%
10～12	243	15.4%	32	4.8%	53	8.3%	3	10.3%
合计	1 572	100%	659	100%	637	100%	29	100%

由表3可知，4个时间段中，发明专利被终止率下降总幅度分别为：工矿企业降低了17.6个百分点，个人降低了34.2个百分点，科研院所降低了56.5个百分点。即科研院所放弃发明专利的速度最快，其次是个人，再次是工矿企业。可见，工矿企业是发明专利平均维持时间最长的主体，即拥有较高发明专利质量的主体。科研院所和个人被终止的发明专利数的总数相对于工矿企业较低，二者总和比工矿企业还少276件。但是随着维持时间的延长，科研院所和个人拥有的发明专利被终止率的下降趋势都比工矿企业明显。出现这种统计结果，并不意外。工矿企业作为创新的主体，拥有更多的、维持时间较长的高质量的发明专利在情理之中。因为相对科研院所和个人而言，工矿企业拥有充足研发经费、较好的实施

技术或者转化技术的条件，或者说企业拥有将专利转化为经济效益的有利条件。科研院所自身的性质决定了其不能像工矿企业一样拥有并维持大量的发明专利。因为其主要任务是教学和科学研究，即使发明获得了授权，由于实施发明条件、转让或者许可技术方面的困难、维持经费的不足，使得很多有价值的专利无法继续维持。另一方面，由于对科研院所和发明人评价机制等问题，如发明人或者其所在单位只要获得授权，便可以在升职和职称评定中优先考虑，至于专利能够维持多长时间则无人过问。这种制度之下，要对专利权维持较长时间是很难做到的。这种现象似乎并不能直接说明科研院所拥有的发明专利质量低，但是却能够解释科研院所以最快的速度放弃发明专利的原因。个人有类似于工矿企业维持的积极性，但是个人由于资金等因素的制约，不可能像工矿企业一样维持专利权，所以个人拥有发明专利的维持时间下降趋势较工矿企业强，但较科研院所弱。

（五）国内外发明专利在不同时间段因未缴年费而被终止的情况比较

国内权利人获得授权的发明专利简称为国内发明专利，国外权利人获得授权的发明专利简称为国外发明专利。如表4所示，授权后因未缴年费而被终止的发明专利中，国内发明专利被终止的数量比国外发明专利被终止的数量多63件。国内发明专利在授权后1~3年中被终止了817件，占其被终止总数的55.2%；4个时间段中被终止率从55.2%下降到6.0%。而国外权利人拥有的发明专利，在授权后1~3年中被终止的数量为394件，只占其被终止总数的27.8%，被终止率仅相当于同期国内权利人拥有发明专利被终止率的一半；4个时间段中的被终止率从27.8%上升到30.7%，再下降到24.4%和17.1%。上述情况表明，国外发明专利明显比国内发明专利的平均维持时间要长，在一定程度上也表明国外发明专利的质量明显高于国内发明专利的质量。为什么国内外发明专利被终止的情况区别如此之大呢？或许分析不同权利人类型的国内外发明专利变化可以说明一些原因。

表 4 国内外发明专利被终止的情况

维持时间（年）	国内发明专利		国外发明专利	
	发明专利数	百分比	发明专利数	百分比
1～3	817	55.2%	394	27.8%
4～6	373	25.1%	435	30.7%
7～9	202	13.7%	345	24.4%
10～12	88	6.0%	243	17.1%
合计	1 480	100%	1417	100%

表 5 不同权利人类型的国内外发明专利被终止情况比较

		工矿企业	科研院所	个人	机关团体	合计
国外发明专利	被终止数	1 251	58	107	1	1 417
	百分率（%）	88.3	4.1	7.5	0.1	100
国内发明专利	被终止数	321	601	530	28	1 480
	百分率（%）	21.7	40.6	35.8	1.9	100

如表 5 所示，被终止的 1 417件国外发明专利中，工矿企业为 1 251件，占被终止发明专利总数的 88.3%，科研院所与个人合计为 165 件，占被终止发明专利总数的 11.29%；国内权利人被终止的 1 480件发明专利中，工矿企业为 321 件，占被终止发明专利总数的 21.7%，科研院所与个人合计为 922 件，占被终止发明专利总数的 76.4%。从前述的分析知道，工矿企业在发明专利实施、许可、转让、质押、入股以及在维持发明专利的经费方面都有较大的优势，而国外权利人被终止的发明专利的拥有者中 88.3% 是工矿企业，国内权利人被终止的发明专利的拥有者中 21.7% 是工矿企业，所以国外发明专利维持时间长于国内发明专利，便不难

理解。

（六）不同技术主题的发明专利在不同时间段因未缴年费而被终止的情况比较

从表6可知，不同技术主题中，授权后因未缴年费而被终止的发明专利的被终止率都随维持时间的增加而降低，其中在授权后1~3年内被终止率最高（55%）的是D类（纺织和造纸类）；其次是C类（化学和冶金类）和E类（固定建筑物类），被终止率分别是45%和43%；被终止率排在最后两位的是B类（作业和运输类）和H类（电学类），被终止率分别是38%和37%。从变化趋势来看，B类（作业和运输类）和H类（电学类）被终止率下降趋势较为平缓，平均维持时间长；D类（纺织和造纸类）、C类（化学和冶金类）和E类（固定建筑物类）的被终止率下降趋势明显，平均维持时间短。不同技术主题的发明专利维持时间的长短在一定程度上反映了该技术主题的技术生命周期的长短，也反映了权利人对该技术主题的发明专利预期收益的多少。从上述分析可知，纺织和造纸类、化学和冶金类、固定建筑物技术主题的发明专利维持时间情况表明：在天然或人造的线或纤维、纺纱或纺丝，造纸、纤维素的生产、纤维原料或其机械处理技术领域，纯化学、应用化学、组合物，某些边缘工业，某些操作或处理，冶金、黑色合金或有色合金技术领域，道路、铁路或桥梁的建筑，土层或岩石的钻进，采矿技术领域，技术生命周期最短，替代技术出现最快，权利人对该技术领域中的发明专利的预期收益最低；生活需要类、机械工程、照明、加热、武器和爆破类、物理技术主题的发明专利维持时间情况表明：农业、林业、畜牧业、狩猎诱捕、捕鱼，食品与烟草，个人或家用物品，保健、娱乐技术领域，机械工程、照明、加热、武器和爆破技术领域，发动机或泵，一般工程，照明、加热，武器，爆破和仪器技术领域技术生命周期较短，替代技术出现较快，权利人对该领域发明专利的预期收益也较少；作业和运输类、电学类技术主题的发明专利的维持时间情况表明：分离、混合，成型，交通运输，微观结构技术、超微技术领域，基本电气元件、发电、应用电学、基本电子电路及其控制、无线电或通信技术和制造所述物品或元件用的特殊材料的应用技术领域技术生命周期最长，替代技术出现最慢，权利人对该领域发明专利的预期收益最高。值得说明的是，此处所作对比都是在统计学意义上做出的，是一种整体的综合变化趋势，所以不能以其中某一具体技术领域的变化情况来否定整体变化趋势，比如通信技术，替代技术出现速度很快，应该是维持时间较短，但是由于人们对该领域发明专利的预期收益很高，所以综合结果是该领域的发明专利维持时间较长。

表 6　不同技术主题被终止发明专利的分布

维持时间(年)	A	%	B	%	C	%	D	%	E	%	F	%	G	%	H	%
1～3	223	42	225	38	369	45	49	55	30	43	88	41	140	41	87	37
4～6	157	30	166	28	206	25	23	25	23	33	69	32	100	29	64	27
7～9	93	18	119	21	163	20	14	15	11	15	36	17	67	20	44	19
10～12	57	10	78	13	85	10	5	5	6	9	24	10	36	10	40	17
合计	530	100	588	100	823	100	91	100	70	100	217	100	343	100	235	100

注：A：生活需要；B：作业，运输；C：化学，冶金；D：纺织，造纸；E：固定建筑物；F：机械工程，照明，加热，武器，爆破；G：物理；H：电学。

四、结论和建议

本文研究结果表明，仅从因未缴专利年费而被终止的视角来看，国家知识产权局授权的发明专利平均维持时间短，发明专利质量不高；获得发明专利授权国外权利人比国内权利人对专利权的维持时间要长，国外权利人拥有的发明专利质量比国内权利人拥有的发明专利质量相对较高；工矿企业对发明专利的维持时间较长，科研院所对发明专利的维持时间较短；作业和运输类和电学类被终止率下降趋势较为平缓，平均维持时间长，纺织和造纸类、化学和冶金类和固定建筑物类的被终止率下降趋势明显，平均维持时间短。

为提高发明专利质量，增强专利竞争力，我们提出如下建议。一是强化国内权利人的专利战略意识，特别是发明专利质量意识，同时尽快完善专利技术市场，优化发明专利的实施、许可、转让、质押和入股的政策和制度。二是整合影响专利质量有关的政策和措施，如提升发明专利申请文件撰写水平，提高专利审查效率，缩短从申请到授权所需的时间。三是鼓励工矿企业提高发明专利授权量，适当降低科研院所和个人维持发明专利的成本，如对科研院所和个人专利年费减免政策进行改革，调动他们维护专利并从中获得利益的积极性，从而促进创新。四是在《专利法》及其《实施细则》修改过程中，适当调整发明专利授权标准，提高国家知识产权局授权发明专利的质量，如适当调整创造性的判断标准和判断方法、调整现有技术的范围与复审和侵权的判定标准等。五是逐步完善专利侵权认定方式和赔偿数额确定方式，切实保护专利权人的利益，提高权利人维持专利权的积极性。六是重视专利信息资源的利用和建设。专利信息是专利战略乃至知识产权战略的主要战略资源，其使用价值有待进一步挖掘。完善我国专利信息数据库建设，尽快补充专利引证指数等内容，从而为研究我国授权专利质量乃至制定和实施知识产权战略提供参考。

第 10 题

基于专利情报视角的专利维持时间影响因素分析*

【摘要】从专利情报视角，运用 SPSS 软件，对国家知识产权局 1994 年全年授权的 3 838件发明专利中因未交专利年费而被终止的 2 921件进行多元线型回归实证分析。分析结果表明，申请人的国别、从申请到授权所需时间、权利主体类型、发明人数和权利要求数对发明专利的维持时间影响依次减弱。

一、引　言

人们之所以花费大量精力和经费申请并维持专利，最主要的原因是因为专利特别是发明专利是一种重要的无形财产。国家拥有的有效发明专利的数量和质量标志着国家创新能力的高低和科技发展潜力的大小。[1]获得专利授权只是取得使用专利权的资格，对专利权

---

* 本文原发表于《图书情报工作》2009 年第 4 期，略有修改，文中有些数据请参见本书“基于维持时间的发明专利质量实证研究”一文相关部分。

[1] Jaffe, A. B. The US patent system in transition: Policy innovation and the innovation process. *Research Policy*, 2000, 29(4 ~ 5): 531 ~ 557.

的有效维持才是其真正发挥作用的开始。❶ 截止到2007年6月31日国家知识产权局授权的有效发明专利中，有效期超过10年的国内仅有4 348件，而国外有36 691件，是国内的8.4倍。可见，我国基于专利的创新能力值得关注。

专利情报是一种与技术发展相关联的，具有价值性、稀有性、不可模仿性和不可替代性的情报信息资源，❷ 包含了与新思想和新技术发展相关联的标准化的数据信息，已经成为许多测度创新工具与方法的研究重心。❸ 利用专利情报研究技术发展与经济增长之间的关系研究成果已经不少。❹ 有学者从专利情报中更为微观的方面对技术创新和技术保护进行了研究。如有学者认为，专利申请的权利要求数能够较好地反映国家技术创新能力。❺❻ 所以从专利情报视角研究专利的维持情况即有效专利问题具有重要的现实意义。

基于上述考虑，本文从专利情报视角，运用社会统计分析方法SPSS软件，通过对国家知识产权局1994年全年授权的3 838件发明

---

❶ O' Donoghue, T., Scotchmer, S., Thisse, J. – F. Patent breadth, patent life, and the pace of technological progress. *Journal of Economics and Management Strategy*, 1998, 7 (1): 1 ~ 32.

❷ Markman, G D, et al. Patents as Surrogates for Inimitable and Non – Substitutable Resources. *Journal of Management*, 2004, 30 (4): 529 ~ 544.

❸ Abraham B P, Moitra S D. Innovation assessment through patent analysis. *Technovation*, 2001 21 (4): 245 ~ 252.

❹ Paci R, Sassu A. International patents and national technological specialization. *Technovation*, 1997, 17 (1): 25 ~ 38.

❺ Tong &, Frame J D. Measuring national technological performance with patent claims data. *Research Policy*, 1995 23 (2): 133 ~ 141.

❻ Reitzig M. What determines patent value? Insights from the semiconductor industry. *Research Policy*, 2003 32 (1): 13 ~ 26.

专利[1]因未交专利费而被终止的2 921件发明专利的有关数据进行多元线性回归分析，以期达到了解影响专利维持时间因素的权重之目的，为充分发挥专利权作用提供依据。

二、发明专利维持时间影响因素的多元线性回归分析

（一）回归结果

以《1994年国家知识产权局授权发明专利相关信息数据库》[2]为依据，以未缴专利年费而被终止的时间（Y）为因变量，以权利要求数、从申请到授权所需时间、发明人数、权利人国别、个人和工矿企业（个人和工矿企业为以科研院所参照的虚拟变量）为自变量，运用SPSS软件（11.5版本）进行多元线性回归，回归结果如表1、表2和表3所示。

表1　整体模型情况

决定系数 R	决定系数 R^2	调整后的 R^2	估计标准误差
0.347（a）	0.121	0.119	2.972

注：预测值为常数，权利要求数，从申请到获得授权所需时间，发明人数量，申请人国别，企业和个人。

---

❶ 因为实用新型和外观设计不通过实质审查即可授权，与通过实质审查的发明专利的维持时间不具有可比性，所以本文仅涉及发明专利，不考虑实用新型和外观设计。

❷ 该数据库内容参见本书“基于维持时间的发明专利质量实证研究”一文相关部分。

表 2　方差分析

	方差和	自由度	均方差	F 检验值	显著性水平
回归	3 508.914	6	584.819	66.402	0.000（a）
残差	25 727.855	2 912	8.835		
总和	29 236.769	2 918			

注：预测值为常数，权利要求数，从申请到获得授权所需时间，发明人数量，申请人的国别，企业和个人。

表 3　系数

	非标准化系数		标准化系数	T 检验值	显著性水平
	B	标准误	Beta		
常数	4.369	0.207		21.133	0.000
权利要求数	0.004	0.008	0.009	0.450	0.653
从申请到获得授权所需时间	−0.271	0.039	−0.128	−6.931	0.000
申请人的国别	1.990	0.165	0.314	12.033	0.000
发明人数量	0.053	0.028	0.035	1.867	0.062
企业	0.734	0.173	0.116	4.245	0.000
个人	0.864	0.173	0.113	5.000	0.000

注：因变量为因为未交专利维持费而被终止的年限。

将权利要求数、从申请到授权所需时间、权利人的国别、发明人数、个人和工矿企业分别定义为自变量 X_1、X_2、X_3、X_4、X_5 和 X_6，可得到如下多元线性回归模型：

$$Y = 4.378 + 0.004X_1 - 0.271X_2 + 1.990X_3 + 0.053X_4 + 0.864X_5 + 0.734X_6$$

因变量从授权到未缴专利年费而被终止的时间与 6 个自变量的标准相关系数依次为：0.009、−0.128、0.314、0.035、0.113、0.116。可以看出，对因变量未缴专利年费而被终止的年数而言，权利人国别对其影响最大，其次是申请到授权所需时间、工矿企业和个人，最后是发明人数量和权利要求数。

（二）回归结果分析

表 2 所提供的方差分析情况可知，模型的 F 检验值为 66.402，显著性水平为 0.000，这说明模型整体情况较好。由表 1 所提供的模型整体情况可知，6 个自变量和因变量的整体相关度 R 为 0.347，决定性系数 R^2 为 0.121。换句话说，这 6 个自变量对因变量发明专利因未缴年费而被终止的年数的解释力只有 12.1%。产生这种结果的主要原因除了影响专利维持时间的因素多且复杂外，另一个原因是，无法从现有的专利情报数据资源中获取对国家知识产权局授权专利的引证指数（包括前引指数和后引指数），而这一指数对专利维持时间具有重要影响。然而不能因此否定我们采用现有的、能获得的专利情报数据对因为未缴专利年费而被终止的情况分析。因为我们认为，在现有条件下，从专利情报角度无法采用更好的指标来分析发明专利维持问题。所以，该模型对研究影响发明专利维持时间因素的权重分布具有一定的价值。

6 个自变量中，权利人国别对从授权到因未缴专利年费而被终止的时间的影响程度最大（标准相关系数为 0.314）。

影响程度仅次于权利人国别的影响因素是从申请到授权所需时间（标准相关系数为 -0.128），即从申请到授权所需时间每减少 1 年，发明专利从授权到因未缴专利年费而被终止的时间将增加 0.128 年。这里有两点需要注意，首先是专利的维持时间与从申请到授权所需时间成反比，即从申请到授权所需时间越长，专利维持时间越短。其次是从申请到授权所需时间对专利维持时间的影响程度仅次于申请人国别。基于这两点，为了延长发明专利维持时间，充分发挥专利权的价值，我们必须重视从申请到授权所需时间。影响从申请到授权所需时间的因素主要包括专利审查程序、专利审查效率和专利申请文件的撰写水平等。因此对立法者而言，要优化专利审查程序；对专利审查员而言，要提高审查效率；对申请人和专利代理人而言，要强化时间观念，提高专利申请文件的撰写水平。

个人和工矿企业作为影响发明专利从授权到因未缴专利年费而被终止时间的自变量，是通过参照科研院所而设置的虚拟变量。二者的标准相关系数分别为0.113、0.116，即在其他变量不变的条件下，个人和工矿企业与科研院所相比，从授权到因未缴专利年费而被终止的平均时间分别要多0.113年和0.116年。可以看出，工矿企业、个人和科研院所对发明专利的平均维持时间长度依次递减。这个结果也符合人们的直觉。工矿企业具有直接实施、许可（特别是交叉许可）、转让、质押和入股投资等利用发明专利获得收益的有利条件，同时在专利维持经费方面企业也具有较大优势，所以工矿企业对发明专利的维持时间相对较长。科研院所具有较强的科研能力，发明创造较多，但是这些发明创造相对于工矿企业所完成的发明创造来说，应用性可能较差，从而对发明专利的维持时间有所影响。不过，科研院所对发明专利维持时间较短的主要原因在于科研院所对发明人的考核机制和维持经费方面。科研院所中的发明人从发明专利中获得的好处主要是职称晋升和升职等方面，所以权利人看重的是是否获得专利授权，而比较轻视对专利的维持以及发明专利带来的实际效果，一般考虑发明创造申请获得后的实际价值的较少。个人对发明专利的维持情况处于工矿企业和科研院所中间，主要原因是个人在维持发明专利方面的优势介于工矿企业和科研院所之间。如个人在技术实用性和申请前对授权后是否有维持价值考虑较多，这有利于发明专利的维持，不过个人在维持经费方面的不足，加速了他们对发明专利的放弃。

发明人数和权利要求数无法通过显著性检验（P值 <0.05），说明这两个自变量对从授权到因未缴专利年费而被终止的时间影响微弱。它们的标准化回归系数值分别为0.035和0.009，表明自变量发明人数和权利要求数对因变量因未缴专利年费而被终止的年数的解释力低于其他因素。

权利要求数对因变量影响微弱的原因至少可能有两个方面，一是虽然独立权利要求数越多，专利的保护范围一般就越宽，专利维持的时间可能就越长，但是统计中的权利要求数是独立权利要求数和从属权利要求数的总和，所以权利要求数并不直接代表专利权的保护范围，从而对专利维持时间的影响有限。二是即使同样的发明创造，不同的专利代理人撰写的专利权利要求书不同，权利要求数目可能也不相同；即使相同的专利代理人针对同一发明创造，出于不同的目的，也可能撰写出不同权利要求数目的权利要求书。例如申请人出于尽快获得授权而宁愿缩小保护范围的目的或者出于为了获得相对较宽的保护范围而宁愿容忍较长的授权时间的目的不同，权利要求数目肯定会有所不同。

为什么发明人数对因变量从授权到因未缴专利年费而被终止的时间的影响微弱呢？有一种观点认为，不同的发明专利对发明人数的需求不同。对于技术比较简单的发明创造需要的发明人较少，而对技术复杂的发明创造需要较多的发明人。技术简单的发明创造获得授权后，专利维持时间短；技术复杂的发明创造获得专利授权后，专利维持时间长。这似乎与本文实证分析所得结论相反。不过我们认为，本文实证分析所得结论的合理性主要基于两点：一是对发明创造授予专利的条件，特别是创造性条件的满足，不在于发明人数的多少，所以一项发明创造与发明人的多少关系不大；另一个原因可能是，发明人与申请人不同，他们不会分摊专利年费，减少专利维持成本，因此发明人数对发明专利维持时间长短的影响不明显是可以理解的。

三、结论与启示

专利的价值在于维持。本文从专利情报视角对影响发明专利维持时间的因素进行了分析，其结论为：国家知识产权局授权的发明专利平均维持时间短，被终止速度快；外国申请人获得的发明专利维持时间比国内申请人获得的发明专利维持时间长；申请人的国别、从申请到授权所需时间、权利主体类型、发明人数和权利要求数对发明专利的维持时间影响依次减弱。这个结论给我们的启示主要有3点：一是全面深入研究国家知识产权局授权的发明专利维持时间短，被终止速度快的真正原因，并努力解决这个问题，从而更好地发挥专利制度的作用，并提高公共资源的利用率；二是必须认清国内权利人对发明专利维持现状及其对我国技术创新的影响，适当调整有关制度和政策，提高国内权利人对专利的管理和应用能力；三是提高专利审查员的审查能力和审查效率，强化申请人和专利代理人的时间观念，尽量缩短从申请到授权所需的时间。值得一提的是，本文仅从专利情报角度研究了影响发明专利维持时间的因素及其权重。如果条件许可，我们希望今后分别从专利战略，专利管理，专利技术实施、许可、转让、质押、入股的政策法规和市场条件，专利审查的现有技术和创造性高度，专利侵权认定和赔偿等方面对专利的维持情况进行研究，以延长国家知识产权局授权发明专利的维持时间，提高我国发明专利质量，增强我国自主创新能力。

第 11 题

国内外发明专利维持状况比较研究*

【摘要】采用 SPSS 软件对国家知识产权局 1994 年授权的 3 838件国内外发明专利的相关数据比较分析发现，国外发明专利的维持率、维持时间、平均权利要求数、平均发明人数都明显高于或者多于国外发明专利，且国外发明专利主要集中在高新技术领域，国内发明专利主要集中在传统技术领域，由此得出一些有益于提高我国自主创新和专利运用能力的结论。

一、引　　言

拥有有效专利特别是发明专利的数量和质量不仅是衡量一个国家是否进入创新型国家的重要指标之一，而且是应对越来越激烈的国际竞争的必要。技术进步和传播加剧了国际竞争，也促使专利保护水平不断提高。随着专利保护水平的提高，企业也逐渐意识到专利质量的重要性。所以如何提高发明创造能力，实现专利质量与数量的协调提升就成为我们必须思考的问题。要想解决这个问题，必须了解现有有效专利特别是发明专利的数量和质量，认清现有发明创造能力。我国专利申请量连续 8 年增长率超过 20% 。实用新型、

* 本文相关数据请参见本书“基于维持时间的发明专利质量实证研究”一文相关部分。

外观设计专利申请量连续几年居世界第一位，发明专利的申请量也大幅增加，专利授权量也随之大幅攀升。这是否说明我国国民的技术创新能力很强呢？在中国发明专利申请量和授权量大幅增长的过程中，认清我国发明专利的质量现状，明确影响发明专利质量的因素，继而探索实现发明专利数量和质量同步增长的途径，具有十分重要的意义。

2002 年 1 月～2007 年 5 月国家知识产权局授权的发明专利总数为 245 686件，其中国内申请人获得的发明专利为 93 096件，占总授权数的 37.9%，国外申请人获得的发明专利数为 152 590件，占总授权数的 62.1%。从图 1 可知，虽然在 2006 年 4 月和 2007 年 1 月国内申请人获得授权的发明专利数略微高于国外申请人，但是整体情况是国内申请人获得的发明专利数占总发明专利授权数的比例在上升，国外申请人获得的发明专利数占总发明专利授权数的比例在下降，不过这一趋势的发展速度较慢。

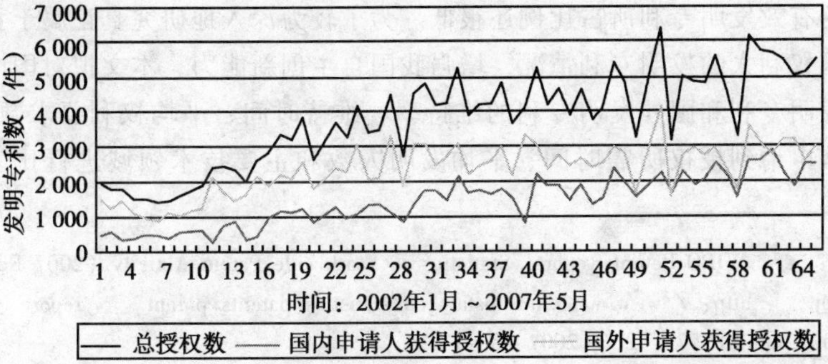

图 1　2002 年 1 月～2007 年 5 月国家知识产权局发明专利授权情况

数据来源：国家知识产权局数据中心，http：//www. sipo. gov. cn/sipo/sjzx/.

世界知识产权组织（WIPO）公布的《2007 年 WIPO 专利报告》显示，2005 年我国专利申请量位于全球第三，其中国内申请数位于第四，国外申请数位于第二。❶ 截至 2007 年 6 月底，国家知识产权局共授权发明专利为 328 534件，❷ 继续有效发明专利 242 435件，其中国内有效发明专利❸83 018件，国外有效发明专利 159 417件，分别占到总量的 34.2% 和 65.8%；有效发明专利中，有效期超过 10 年（申请日在 1997 年 7 月 1 日以前）的国内仅有 4 348件，而国外有 36 691件，是国内的 8.4 倍。2007 年上半年失效的发明专利中，国内专利的平均寿命只有 6.3 年，而国外专利的平均寿命是 10.0 年。期限届满终止的发明专利中，国内发明专利只占 7.0%，国外发明专利占 93.0%。❹

上述数据和图表提醒我们，在我国专利申请量和授权量都大幅增加的过程中，国内发明专利的授权量在逐渐上升，但是在获得授权并有效维持的发明专利中，国内发明专利的维持数远小于国外发明专利的维持数。所以我们应该清醒地认识到，尽管目前我国专利申请量、授权量和有效专利量不断增加，但是真正属于我国权利人的有效发明专利所占比例还很低。为了较为深入地研究真正属于我国权利人的发明专利情况，增强我国自主创新能力，本文拟对国内发明专利和国外发明专利的维持率、维持时间、平均权利要求数、从申请到授权所需时间、平均发明人数和主要技术领域进行比较

---

❶ WIPO Patent Report：Statistics on Worldwide Patent Activity（2007 Edition）.http：//www.wipo.int/ipstats/en/statistics/patents/patent _ report _ 2007.html#P757_ 42609 2007 - 8 - 11.

❷ 国家知识产权局规划发展司：“2007 年上半年专利申请与授权状况综述”，载《专利统计简报》2007 年第 10 期。

❸ 按照国别不同将权利人分为国内申请人和国外申请人，国内申请人获得授权的发明专利称之为国内发明专利，继续维持的发明专利称之为国内有效发明专利；国外权利人获得授权的发明专利称之为国外发明专利，继续维持的发明专利称之为国外有效发明专利。

❹ 国家知识产权局规划发展司：“2007 年上半年我国有效专利状况分析”，载《专利统计简报》2007 年第 13 期。

研究。

二、数据分析 *

以《1994年国家知识产权局授权发明专利相关信息数据库》❶为依据，对国内外发明专利的法律状况和维持时间进行分析如下。

（一）国内外发明专利的法律状态分析

国内外发明专利的法律状态如表1所示。从表1可知，1994年国家知识产权局授权的3 838件发明专利中，国内发明专利1 643件，占授权发明专利总数的42.8%，国外发明专利2 195件，占授权发明专利总数的57.2%。截至2007年4月30日，国内发明专利因未交专利年费而被终止1 482件，占国内授权发明专利总数的90.2%，继续有效的发明专利156件，占国内授权发明专利总数的9.5%；国外发明专利因未交专利年费而被终止1 439件，占国外授权发明专利总数的65.6%，继续有效的发明专利719件，占国外授权发明专利总数的32.8%。国内发明专利维持到届满的只有1件，占届满总数的2.9%；而国外发明专利维持到届满的有34件，占届满总数的97.1%。可见，国内外授权发明专利总数差距不大，但是国内发明专利的维持率和维持到届满的数量远远低于国外发明专利。

---

* 本文以下数据均由SPSS软件分析所得。

❶ 该数据库内容参见本书“基于维持时间的发明专利质量实证研究”一文相关部分。

表 1　国内外发明专利的法律状态比较

		届满	有效	无效	视为放弃	撤销	因未交专利年费而被终止	其他终止	合计
国内权利人持有发明专利	发明专利数（件）	1	156	2	1	0	1 482	1	1 643
	百分比（%）	0.1	9.5	0.1	0.1	0	90.2	0.1	100
国外权利人持有发明专利	发明专利数（件）	34	719	0	2	1	1 439	0	2 195
	百分比（%）	1.5	32.8	0	0.1	0	65.6	0	100

（二）国内外发明专利的有关定距变量比较

截至 2007 年 4 月 30 日，1994 年国家知识产权局授权的 3 838 件发明专利中因未交专利年费而被终止的 2 921件国内外发明专利的有关定距变量如表 2 所示。从表 2 可知，被终止的发明专利中，国内发明专利的平均维持时间为 4.09 年，国外发明专利的平均维持时间为 6.05 年，相差近 2 年；国内发明专利的平均权利要求数为 4.65 项，国外发明专利的平均权利要求数为 11.63 项，国外发明专利的平均权利要求数是国内发明专利平均权利要求数的 2 倍多；国内发明专利的平均发明人数为 2.80 人，国外发明专利的平均发明人数为 2.44 人；国内发明专利从申请到授权所需的平均时间为 3.39 年，国外发明专利从申请到授权所需的平均时间为 4.33 年。可见，国内发明专利的维持时间、平均权利要求数和从申请到授权所需时间都明显少于国外发明专利，而平均发明人数多于国外发明专利。

表 2　国内外发明专利的有关定距变量比较

	国内权利人持有发明专利		国外权利人持有发明专利	
	平均值	标准方差	平均值	标准方差
维持时间（年）	4.09	2.813	6.05	3.201
权利要求数（项）	4.65	3.470	11.63	9.771
发明人数量（人）	2.80	2.318	2.44	1.775
从申请到授权所需时间（年）	3.39	1.396	4.33	1.486

（三）国内外发明专利的维持时间比较

因未交专利费而被终止的2 921件国内外发明专利的具体维持时间如图2所示。由图2可知，尽管国内外发明专利的维持状况都呈先快速上升后逐渐下降趋势，但是不论上升的高度，还是下降的速度都存在明显的差别。

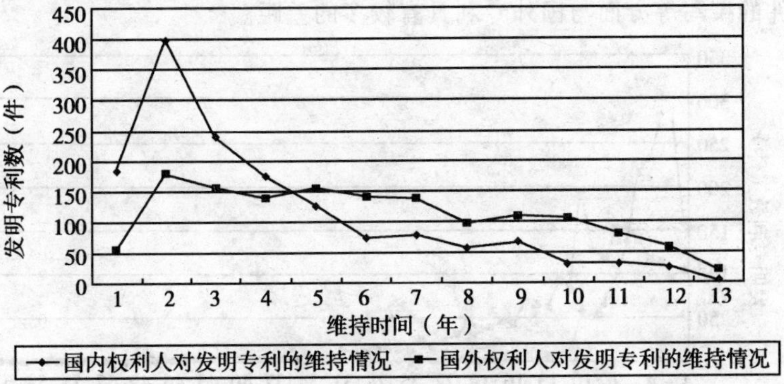

图2 国内外申请人对发明专利的维持情况比较

国内外发明专利被终止的高峰期都在授权后的第2年，但是国外权利人在授权后第2年被终止的发明专利数只有近200件，而国内权利人在授权后第2年被终止的发明专利数近400件，接近国外权利人被终止发明专利数的2倍。国内发明专利在授权后第2～3年被终止数的下降幅度最大，从授权后的第3～6年下降幅度次之，其后下降趋势趋于平缓；国外专利在授权后第2～10年一直比较平缓，从授权后第10～13年下降趋势较为明显。可见，国内发明专利被终止的速度明显要高于国外发明专利，或者说，与国外发明专利相比，国内发明专利的维持时间有很大差距。

（四）国内外发明专利的权利要求数比较

国内外发明专利的权利要求数分布如图3所示。由图3可知，国内发明专利中权利要求数只有 2 项的发明专利最多，绝大多数发明专利的权利要求数都在 1 ~ 11 项之间，权利要求数最多的是 25 项；而国外专利的权利要求数是 10 的发明专利最多，绝大多数发明专利的权利要求数都在 1 ~ 30 项之间，权利要求数最多的是 61 项。虽然权利要求数不能直接说明发明专利的维持时间和发明专利的质量状况，但是如此之大的差距显示了国内专利在质量、申请文件的撰写等方面与国外专利具有较多的差距。

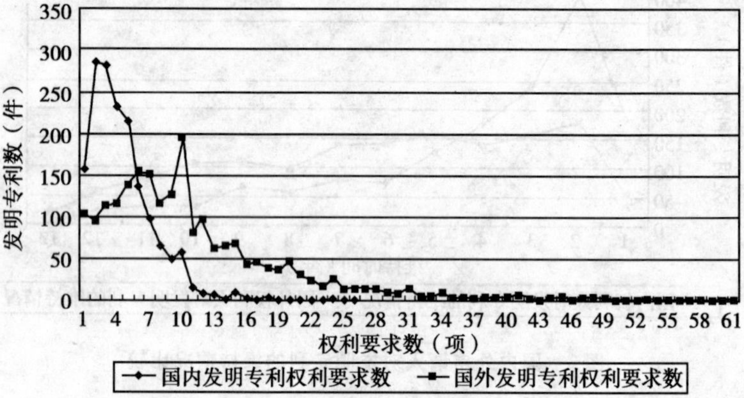

图 3　国内外发明专利的权利要求数分布比较

（五）国内外发明专利的发明人数比较

国内外发明专利的发明人数情况如图 4 所示。从图 4 可知，不论是国内专利，还是国外专利，发明人数为 1 的发明专利数最多。不过发明人数为 1 人的国外专利数要高于国内专利数。发明人数从 1 ~ 4.6 人左右时，随着发明人数的增加，国内外专利数都在减少，不过相同的发明人数对应的国外专利数高于国内专利数。发明人数超过 4.6 个时，国内外专利的发明人数变化趋势趋于相同。

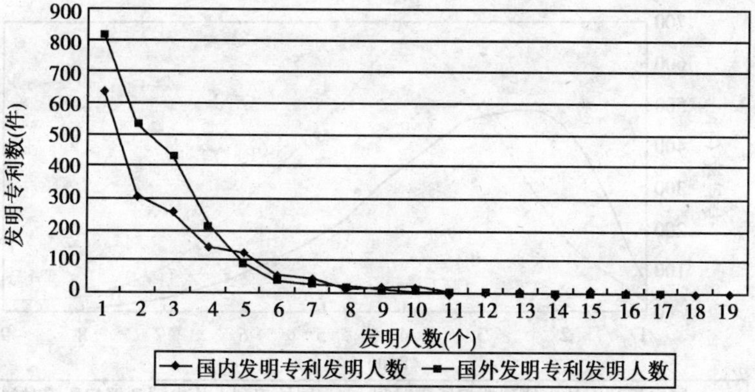

图4　国内外发明专利的发明人数比较

（六）国内外申请人维持的发明专利从申请到授权所需时间比较

发明专利从申请到授权所需时间是指从提交申请之日起，经过形式审查、公开（提前公开）、实质审查和授权（公告）等阶段所需的时间总和。一般而言，如果其他条件不变，该时间总和越短，发明专利的维持时间越长。如图5所示，尽管国内外申请人持有的发明专利数随着从申请到授权所需时间增加先增加而后降低，但是二者的变化趋势存在明显差别。首先，二者的总数不同。国内申请人持有的发明专利数在从申请到授权所需时间为2年到3年时最多；国外申请人持有的发明专利数在从申请到授权所需时间为4年时最多。其次，二者从申请到授权所需时间的平均年数不同。很明显，国外申请人要其发明在国家知识产权局获得专利授权而花费的时间要比国内申请人所花费的时间少。

（七）不同技术领域国内外被终止的发明专利数占各自总发明专利数的比例比较

为了使得国内外专利在不同技术主题方面具有可比性，本部分

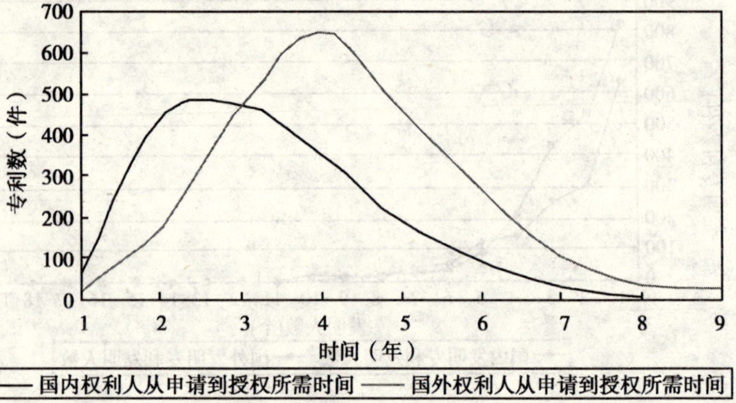

图5　国内外维持的发明专利从申请到授权所需时间比较

将国内和国外不同主题的发明专利数与其当年获得授权的发明专利总数的比例进行比较。如图6所示，国内发明专利在生活需要，化学和冶金，固定建筑物技术主题方面占其授权总数的比例高于国外发明专利；国外发明专利在纺织和造纸，物理，电学技术方面占其授权总数的比例高于国内发明专利；作业和运输，机械工程、照明、加热、武器、爆破技术主题方面国内外专利数占各自获得授权的发明专利数的比例差距不大。

三、影响国内外申请人维持其发明专利因素的多元线性回归分析比较

以未交专利年费而被终止的年数（Y）为因变量，以权利要求数、从申请到授权所需时间、发明人数、企业和科研院所（科研院所和企业是以个人参照的虚拟变量）、A、B、D、E、F、G和H（A、B、D、E、F、G和H是以C为参照的虚拟变量）为自变量，用多元线性回归得出回归结果见表3。

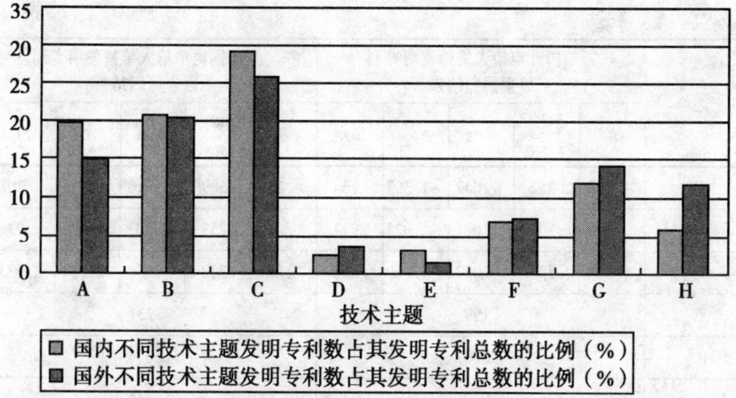

图6　国内外不同技术主题的发明专利数占各自总发明专利数的比例比较

注：国际专利分类　A：生活需要；B：作业，运输；C：化学，冶金；D：纺织，造纸；E：固定建筑物；F：机械工程，照明，加热，武器，爆破；G：物理；H：电学。

表3　影响国内外申请人维持其发明专利因素的多元线形回归结果比较

	影响国外申请人维持发明专利因素回归结果					影响国内申请人维持发明专利因素回归结果				
	B	Std. Error	Beta	*t*	Sig.	*B*	Std. Error	Beta	*t*	Sig.
(Constant)	7.008	.509		13.776	.000	4.956	.291		17.005	.000
权利要求数	-.003	.009	-.008	-.297	.767	.074	.023	.083	3.271	.001
从申请到授权所需时间	-.234	.063	-.105	-3.689	.000	-.295	.053	-.146	-5.582	.000
发明人数量	.098	.050	.053	1.960	.050	.012	.033	.010	.373	.709
企业	-.022	.322	-.002	-.068	.946	-.109	.200	-.016	-.544	.586
科研院所	-.802	.517	-.049	-1.550	.121	-.699	.178	-.122	-3.915	.000
A	-.413	.264	-.048	-1.565	.118	.445	.214	.063	2.082	.037
B	.178	.262	.022	.679	.497	.226	.210	.032	1.076	.282
D	-1.821	.459	-.109	-3.966	.000	-.119	.476	-.007	-.250	.803
E	-.047	.646	-.002	-.073	.942	-.508	.439	-.031	-1.157	.247

续表

	影响国外申请人维持发明专利因素回归结果					影响国内申请人维持发明专利因素回归结果				
	B	Std. Error	Beta	*t*	Sig.	*B*	Std. Error	Beta	*t*	Sig.
F	-.490	.352	-.042	-1.393	.164	-.116	.309	-.010	-.374	.708
G	.009	.300	.001	.028	.977	.022	.253	.003	.088	.930
H	.598	.320	.057	1.869	.062	-.687	.322	-.059	-2.134	.033
R	.199					.231				
R^2	.040					.054				
Adjusted R^2	.032					.046				
F	4.904					6.993				
Sig. F	.000 (a)					.000 (a)				

注：因变量未交专利年费而被终止的年数。

国内外申请人维持其发明专利因素的多元线形回归结果整体的方差分析显示模型成立（*F* 值分别为4.904 和6.993），*P* 检验值都为0.000，两个多元回归模型均通过检验。国内申请人维持其发明专利未交专利年费而被终止的年数与12 个自变量的标准相关系数依次为：-0.008、-0.105、0.053、-0.002、-0.049、0.048、0.022、-0.109、-0.002、-0.042、0.001 和 0.057；国外申请人维持其发明专利未交专利年费而被终止的年数与12 个自变量的标准相关系数依次为：0.083、-0.146、0.010、-0.016、-0.122、0.063、0.032、-0.007、-0.031、-0.010、0.003 和 -0.059。

从上述标准相关系数可以看出，对因变量未交专利年费而被终止的年数而言，国外申请人维持的发明专利中，技术主题中的D类（纺织和造纸）（Beta = -0.109）对其维持年数的影响最大。其含义是，在其他变量不变的条件下，技术主题C类（化学和冶金）的发明专利维持时间比技术主题D类（纺织和造纸）发明专利的维持时间少0.413年。其次是申请到授权所需时间（Beta = -0.105）。含义是，在其他变量不变的条件下，从申请到授权所需时间平均缩短1年，发明专利的维持时间就会延长0.234年。再次是发明人数（Beta = 0.053）。其含义是，在其他变量不变的条件下，发明人每增加1人，发明专利的维持时间就会延长0.098年。其他自变量对发明专利的维持时间影响均不显著（sig. <0.05）。国内申请人维持的发明专利中，从申请到授权所需时间（Beta = -0.146）和科研院所（Beta = -0.122）对其维持的年数影响最大。其含义是，在其他变量不变的条件下，从申请到授权所需时间平均缩短1年，发明专利的维持时间就会缩短0.295年；在其他变量不变的条件下，科研院所比个人对发明专利维持时间少0.699年。其次是权利要求数（Beta = 0.083），在其他变量不变的条件下，平均每增加1条权利要求，发明专利的维持时间会延长0.074年。再次是技术主题中的A类（生活需要）（Beta = 0.063）和H类（电学）（Beta = -0.059）。这意味着在其他变量不变的条件下，技术主题A类（生活需要）比C类（化学和冶金）的发明专利的平均维持时间多0.445年；H类（电学）比C类（化学和冶金）的发明专利的平均维持时间少0.687年。其他变量对发明专利维持时间的影响均不显著（sig. <0.05）。

四、结　论

认清我国现有自主创新能力是制定和实施建设创新型国家政策的基础。本文从考察我国自主创新能力的目的出发，比较了国家知识产权局授权的发明专利的维持状况及其相关变量，得出如下结论。

国外发明专利比国内发明专利维持时间长，在一定程度上说明了国外专利申请人比国内专利申请人对申请获得的专利有更好的运用能力，并能产生更大的经济效益。这同时也说明，国内专利申请人应注重专利申请的前期调查和获得授权后的专利运用能力的提升。

国外发明专利比国内发明专利的权利要求数多，在一定程度上说明了国外专利申请人比国内专利申请人更加注重专利申请文件的撰写，在专利申请的质量上要求更严格。这同时也说明，国内专利申请人应注重专利申请文件的撰写，通过技术性地运用专利文件撰写的技巧来更好地保护自己的技术，在法律允许的框架内获得最大限度的保护。

国外发明专利的平均发明人数比国内发明专利的平均发明人数多，这在一定程度上说明了国外发明人比国内发明人更加注重团队合作研发。这同时也说明，在技术创新越来越复杂的今天，团队的创新作用越来越重要，国内发明人应注重团队之间的合作研发。

国外发明专利主要集中在高新技术领域，而国内发明专利主要集中在传统技术领域，这在一定程度上说明国外发明的焦点已经从传统行业向影响未来全球技术格局的技术制高点转移，而国内发明专利还处在传统行业的应用层次。这同时也说明，国内发明人应注重对未来全球技术竞争的制高点的把握，将研发重点向高新技术领域转移，从而在全球越来越激烈的技术竞争中谋得一席之地。

第四编

专利创造性标准运用

第 12 题

世界专利创造性标准的发展趋势

【摘要】 创造性是专利法中最难以判断和把握的核心概念，也是发明可专利的终极要件。美国专利创造性标准的发展可以简单地划分为两个阶段，即发明创造性概念阶段和非显而易见规则阶段：前者采用判例法模式，是创造性标准的初级阶段；后者采用成文法和判例法相结合的模式，是创造性标准的高级阶段，该阶段又可以划分为显可尝试（obvious to try test）原则阶段和教导、启发或者动机原则阶段。世界专利创造性标准呈现审查方法与创造性自身主观性博弈的发展与创造性高度螺旋式提高的发展趋势。

有人将申请专利比喻作登山，凡想获准专利的人必须攀登“专利要件之山”，所谓“等高自卑”，欲获取山顶上的专利，首先须越过“适格标的”这一阶，然后克服“产业上利用性”之关，翻越“新颖性”之巅，最后勇闯“创造性❶”之巅，始能得到“专利”之果❷。专利制度对经济社会的发展具有“双刃剑”的作

---

❶ 美国称为“非显而易见性”，欧洲、日本和我国内地称为“创造性”，我国台湾地区称为“进步性”；英文为“non-obviousness”“inventive step”或者“inventiveness”。为了论述方便，本文统称为“创造性”。

❷ 黄文仪：《专利实务》，作者自版，2002 年第 3 版，第 271 页。

用。随着专利制度的逐渐完善，保护客体的不断拓展，创造性标准对专利制度功能的适度发挥显得越来越重要。由于创造性具有很高的不确定性，适用上易引起争议，也是适用上最困难的要件，故创造性要件在专利制度中具有关键性的地位且为最重要的专利要件。或者说，创造性标准是可以让专利制度最大限度地促进技术创新，推动社会发展的重要规则。创造性高度在很大程度上划分了专利权人和社会公众因为该专利而产生的利益，也在一定程度上决定了专利制度的优劣。所以，近年来绝大多数设置专利制度的国家都非常重视创造性标准的确定。

一、专利创造性标准的重要性和难操作性

创造性是专利法的核心概念，是专利制度的“最后守门员”和可专利性的终极要件，也是可专利性的试金石，体现专利制度的有限保护与专利权人公开和解释新发明的平衡。[1] 在特定时间，发明对本领域一般技术人员是否显而易见是发明可专利性的基础，也是每件专利讨价还价的核心。[2] 较高水平的创造性标准是保护创新和竞争的底线，而竞争和专利制度则是技术创新的首要引擎。专利创造性判断过程和程序有助于妥善解决权利人利益与社会公共利益的平衡。[3] 司法实践中，不管是国内还是国外，很多专利侵权案件都会被提出专利无效的反诉。而专利无效的反诉指控中，创造性不足或不具创造性是侵权人指控的主要武器。

---

❶ R. Polk Wagner, Katherine J. Strandburg. The Obviousness Requirement in the Patent Law. *University of Pennsylvania Law Review*, 2007 (155): 96.

❷ Lee Petherbridge, R Polk Wagner. The Federal Circuit and Patentability: An Empirical Assessment of the Law of Obviousness. *Texas Law Review*; Jun 2007: 85, 7.

❸ 曹延军：《试论发明专利的创造性要件》，2007 年西南政法大学硕士学位论文。

创造性也是专利法中最难以判断和把握的概念。它是可专利性最主要的条件，但其适用性差，争议颇多。有学者认为创造性为专利法中最不易理解之概念，是专利法之玄学。❶ 美国的 Hand 法官曾说过：创造性是“现有专利法概念中易变（fugitive）、不能感知（impalpable）、不确定（wayward）和模糊的幽灵（phantom）”。尽管对发明可专利性的另外两个要求已经被证明要么是微弱的（impotent）（即实用性要求），要么是相对可以直接应用的（即新颖性要求），很多人仍然因为创造性在专利诉讼中的艰难性（formidable）和模棱两可性而惧怕。❷ 另外，在创造性判断上尚有另一个很难突破的障碍，即“后见之明”（hindsight）。发明完成之时至其被判断是否为显而易知之时，至少也有一年以上的时间差，对申请专利的发明而言，其技术状态是静止的，且系静止在申请日当天，但在实际的技术领域中，其进步却是无时无刻不在发生的，审查委员的知识累积也始终没有停止（至少形式上是如此）。如此的时间差及技术落差必然会使得审查委员以后见之明来评价发明。换句话说，该发明在其发明完成时可能确为突破性之创新，但在审查委员审查时却可能因为技术进步，而使其显得无新意。❸

二、世界专利创造性标准的发展历程

美国专利制度在世界专利制度中占有非常重要的地位，在一定

---

❶ John, Witherspoon. ed. *The Ultimate Condition of Patentability*. Wash. D. C. the Bureau of National Affairs 1980.

❷ Sean M. Mceldowney. New Insights on the “Death” of Obviousness: An Empirical Study of District Court Obviousness Opinions. *Stanford Technology Law Review*. 2006, Stan. Tech. L. Rev. 4.

❸ 尹守信：浅析美国专利法上之非显而易知性要件．［EB/OL］. http: //203. 208. 37. 104/search? q = cache: 14aEZHnu9TYJ: pcm. tipo. gov. tw/pcm/pro_ show.

程度上代表了世界专利制度发展的潮流。所以本报告主要通过研究美国专利创造性标准的发展轨迹来归纳世界专利创造性标准发展的趋势。

美国专利创造性标准的发展可以划分为两个阶段，即发明创造性概念阶段和非显而易见规则阶段。前者采用判例法模式，是创造性标准的初级阶段，后者采用成文法和判例法相结合模式，是创造性标准的高级阶段，该阶段又可以划分为显可尝试（obvious to try test）原则阶段和教导、启发或者动机（teaching/suggestion/motivation test，简称 TSM）原则阶段。

（一）创造性概念标准（inventiveness）阶段（1793～1952 年）

美国专利法于 1793 年就规定了实用性及新颖性要件，直到 1952 年专利法修订时，才将非显而易见性列入成文法的规定❶。但是在 1952 年以前，法院的判例已经逐渐形成了第三种可专利要件，即可授予专利的发明应为“足够重要的（sufficiently…important）”，而不仅仅只是符合实用性及新颖性要件。这种观点是基于专利概念提出的。

美国最高法院于 1850 年所判决的 Hotchkiss v. Greenwood 案例则被视为创造性观念的发展滥觞❷。该案所诉专利为一种制造门把的方法。该发明是以制作陶器的塑形方法来制造门把，有别于当时人们熟悉的金属或木制品，但是制陶方法在当时已经是公知技术，所以美国最高法院认为所诉专利欠缺技术及巧思，而判决该专利

❶ 董安丹：“美国专利法上之非显著性：历史发展及 GRAHAM 原则（上）”，载《智慧财产权月刊》1999 第 7 期，第 80～81 页。

❷ Martin J. Adelman, Randall R. Rader, John R. Thomas, Harold C. Wegner, *Cases And Materials on Patent Law*, p. 311, 2003.

无效❶。

美国最高法院通过 Hotchkiss v. Greenwood 判例基本建立了专利的“发明创造力”判断原则。该原则模糊且抽象，使其之后的案例出现许多不同的结果与解释。例如：1876 年 Smith v. Goodyear Dental Vulcanite Co. 案所提到的“具有创造力的成果（inventive effort）”，1882 年 Atlantic Works v. Brady 案的“重要的发明或发现（a substantial invention or discovery）”，1885 年 Hollister v. Benedict & Burnham Mfg. Co. 案的“富有创造力机构的创作成果（the creative work in the inventive faculty）”，1891 年 McClain v. Ortmayer 案的“超乎理解的东西（impalpable something）”，1892 年 Ansonia Brass & Copper Co. v. Electrical Supply Co. 案的“具创造力的技术（inventive skill）”等。

1952 年以前，美国法院及专利审查人员以这种“否定原则”来决定发明的可专利性，例如：仅是材料或比例的改变，或存在的技术，或仅是已知机构的结合等主观判断决定该专利是否符合具“发明创造力”或“创造性”❷。这种“否定原则”是以定义发明本质的概念作为判断方式，其观念渐渐形成现行的创造性概念，但此原则仍太过主观且不够清楚。我们将这一期间创造性标准的发展概括为创造性标准概念阶段。

（二）非显而易见判断规则（non-obviousness）阶段（1952～ ）

1952 年修改后的美国专利法规定了创造性的非显而易见标准。

---

❶ Hotchkiss v. Greenwood, 52 U. S. (11 How.) 248. See also Martin J. Adelman, Randall R. Rader, John R. Thomas, Harold C. Wegner, *Cases and Materials on Patent Law*, 2003, pp. 311～315.

❷ Martin J. Adelman, Randall R. Rader, John R. Thomas, Harold C. Wegner, *Cases And Materials on Patent Law*, 2003, p. 311.

该法增补第103条："一项发明虽然没有如本法第102条所规定的那样被相同地披露或记载过，如果要求专利保护的发明主题与现有技术的区别，使得在该主题所属领域的普通技术人员，从做出该发明的时刻看来，该发明主题作为一个整体是显而易见的，则不能获得专利。可专利性不因做出发明的方式而被否定。"其中第2款明确了创造性的评判对象不是发明思维过程，而是发明本身，这被认为是对"发明创造性概念标准"的摒弃。1952年以来的创造性标准发展又可以划分为显可尝试原则阶段和教导、启发或者动机(TSM)原则阶段。

1. 显可尝试原则(1966~1982年)

美国专利商标局在1966~1982年期间主要是用"显可尝试原则"来判断发明是否符合创造性标准要件。其含义是指如果该发明可能为先前技术的可能性之一，而该发明之成果或功效虽尚未被先前技术所指出，但如果由先前技术可合理预期者，该发明仍会被视为显而易见。它是创造性标准发展的里程碑之一❶。该要素至今仍为判断创造性的基本法律架构，为美国法院判决所引用。

该原则是美国最高法院通过1966年受理的Graham v. John Deere Co. 案建立的。该案所诉专利的发明技术是一种犁田工具的改良，最高法院认为这种改良的凿式松土机在操作上并没有机件上的区别，更不具备非显而易见的差异，因此无法通过专利法第103条创造性的规定。Graham v. John Deere Co. 案建立了具体的创造性标准判断规则(又称Graham原则或Graham要素)。Graham v. John Deere Co. 判例在1969年❷和1976年❸分别得到了美国最高法院的重新肯定。它是从1850年渐渐形成创造性观念后，并直到1952年

---

❶ 董安丹："美国专利法上之非显著性：历史发展及GRAHAM原则(下)"，载《智慧财产权月刊》1999年第9期。

❷ Anderson's - Black Rock v. Pavement Co., US 57, 61 (1969).

❸ Sakraido v. Ag Pro, Inc., 425 US273 (1976).

将创造性标准明文立法确定，又历经十余年直到此案才建立具体的判断步骤。

显可尝试原则主要缺点有二：其一为后见之明，联邦巡回上诉法院（CAFC）曾对此指出“仅是由各个先前技术中单独选择一部分作为判断依据是不正确的，就像将该发明请求视为重新摹写的拼贴做法[1]”，于是联邦巡回上诉法院指出如果先前技术无合并的建议（Suggestion to combine）或重建的教示（reconstructing the teachings），则会产生后见之明的缺失[2]；其二为此原则并不需对该发明作合理的成功预测，而轻易地以“显可尝试”来认定该发明为显而易见，容易抹杀发明人的研究心血[3]。自1982年联邦巡回上诉法院成立后，便常以上述理由否定美国专利商标局以显可尝试原则作为判断非显而易见性要件的标准。

2. 教导、启发或者动机（TSM）原则阶段（1982～2007年）

1982年联邦巡回上诉法院成立后，渐渐采用“教导、启发或者动机原则”（又称为“建议原则”或“建议/教示原则”）代替显可尝试原则作为创造性标准要件的主要判断方式。

所谓教导、启发或者动机原则是指对于先前技术的组合，观察先前技术是否曾明示或暗示建议由这些组合，达到所诉发明的方向，从而完成该发明的可能性[4]。为了解决由各个不同的先前技术

---

[1] Akzo N. V. v. U. S. Intern. Trade Comm., 808 F. 2d 1471, 1481, 1. U. S. P. Q. 2d 1241 (Fed. Cir. 1986); Martin J. Adelman, Randall R. Rader, John R. Thomas, Harold C. Wegner, *Cases And Materials on Patent Law*, pp. 357～358, 2003.

[2] Martin J. Adelman, Randall R. Rader, John R. Thomas, Harold C. Wegner, *Cases And Materials on Patent Law*, p. 358, 2003.

[3] 董安丹：“美国专利法上之非显著性：法律上之判断标准（中）”，载《智慧财产权月刊》1999年第11期，第19页。

[4] 尹守信：“浅析美国专利法上之非显而易知性要件”，载《智慧财产权月刊》，2005年第12期，第141～143页。

所组合的发明，如何才足够称之为简单的组合而判定为显而易见的问题，而且能够避免判断者的后见之明，联邦巡回上诉法院在判例中渐渐形成了这个原则。在实务操作方面，该规则是指审查人员或法院必须清楚地揭示组合的建议或动机，始能称之为显而易见❶，其亦有“反面教示”，即先前技术曾教示为不可能完成的创作，但发明人却对此获得了成功，也可证明其符合创造性标准。

1982 年设立联邦巡回上诉法院后，其判例大都采教导、启发或者动机作为创造性的判断准则，而驳斥显可尝试原则。在 20 世纪 80 年代适用判断“非显而易见”客观证据的因素作出不少判例。例如在 Environmental Designs, Ltd. v. Union Oil Co. of Cal❷ 中，法院认为发明之前的怀疑和不信任能够作为确定创造性的指标。在 Allen Archery, Inc. v. Browning Mfg. Co. ❸ 中，法院认为对发明的行业认同、模仿、称赞、不能预料的效果能够作为确定创造性的指标。更近一些的案例，如 Winner Int' l Royalty Corp. v. Wang❹ 案，法院认为为了判断专利是否显而易见，现有技术必须对现有技术要素的结合有明示或者暗示的启发或者教导，❺ 或者相反，在判断创

---

❶ Martin J. Adelman, Randall R. Rader, John R. Thomas, Harold C. Wegner, *Cases And Materials on Patent Law*, p. 347, 2003.

❷ Environmental Designs, Ltd. v. Union Oil Co. of Cal 713 F. 2d 693, 697 ~ 98, 218 USPQ 865, 869 (Fed. Cir. 1983).

❸ Allen Archery, Inc. v. Browning Mfg. Co. , 819 F. 2d 1087, 1092, 2 USPQ2d 1490, 1493 (Fed. Cir. 1987).

❹ Winner Int' l Royalty Corp. v. Wang, 202 F. 3d. 1340, 1348 (Fed. Cir, 2000).

❺ TSM 审查（已经被联邦上诉法院发展）的一些批评者认为，TSM 审查要求对现有技术的特殊修改要有明确的教导或者启发，不过，联邦巡回上诉法院已经清楚地表示，动机可以是暗示的，也可以是来自现有技术的修改的有益效果所提供的。在 In re Kahn, 441 F. 3d. 977, 985 (Fed. Cir. 2006) 中，法院认为美国专利商标局适当适用 TSM 审查结合现有技术的参考，建立“显而易见性”的表面重要（prima facie）的案例。

造性时，已知因素的结合对发明是否有有价值的启发。

然而，美国最高法院于2007年4月对KSR案作出了驳回联邦巡回上诉法院的判决的决定，并评论联邦巡回上诉法院以教导、启发或者动机原则判定创造性，应用过于僵化。尽管最高法院并非否定教导、启发或者动机原则，但其重申了过去专利判例法中所提及的方法，使得各界对于创造性要件的相关案例及理论再次提出讨论，也使得美国专利商标局必须重新调整创造性要件的审查基准。至此，以教导、启发或者动机原则作为创造性标准判断准则的做法受到置疑。可见，KSR案不仅是最高法院驳回联邦巡回上诉法院的个案判决，而且引起了各界的关切与讨论，促成了美国专利审查及审判系统对于创造性判断的重新检讨，影响业界对于专利申请策略及提出无效的专利案件的重新考虑，也使得学界对于创造性要件进行了更为热烈的讨论。

三、世界专利创造性标准的趋势

随着全球经济发展联系越来越紧密，由具有单一的创造性审查标准的全球专利制度代替各国不同创造性标准的专利制度成为很多学者讨论的目标。目前，世界专利活动绝大多数发生在欧洲、日本和美国，所以建立全球创造性标准或许是世界专利制度最终的发展趋势。美国专利法在全球专利法律制度的地位决定了KSR判例可能对世界各国专利制度中创造性判断规则带来实质性的影响。事实证明，随着美国最高法院在KSR判例对法律的明确，美国、欧洲和日本的专利法方面取得进一步协调。而且，KSR案判决作出后，在2007年英国上诉法院（Conor v Angiotech）、荷兰（Conor v Angiotech）和澳大利亚高等法院（Lockwood Security Products Pty Limited v Doric Products Pty Limited）都分别作出了令人关注的有关创造性标准的判例。

根据创造性标准的特征和发展历程，我们可以得出创造性标准具有审查方法与其自身主观性博弈的发展趋势。审查方法的客观化过程与创造性标准本身的主观性的矛盾的不断深化是推动专利创造性标准发展的内在动力。为了使发明创造性的审查具有相对统一，且容易操作的标准，审查方法的客观化发展是必然的发展趋势；但是创造性标准自身的主观性和难以操作性使得这一客观化过程布满了荆棘。

美国专利法在1952年之前，客观性的要求转化为主观性的标准，行政性的规定变成了法律。可专利性标准变得过于严格，从而推动了对其改革的趋势。但是现代发展趋势将这一钟摆向另一方向改变得太远，增加了交易成本，形成了专利丛，损害了创新。

在专利实务上，发明是否具有可专利性，以其是否符合创造性要件为关键。但是，发明是否显而易知，是一种抽象的价值判断，易于主观化。至今未能发展出具体的、统一适用于不同案例的判断标准，难免随判断者的科技素养及训练不同而使其判断结果不同。❶

在KSR案中，绝大多数法官倾向于灵活适用“教导、启发或者动机”原则。美国知识产权法学会也有类似的观点。确立创造性合适的法律意义并不像普通的技术人员那样容易，但是最高法院在处理KSR案时必须对此作出准确的阐释。❷ 有学者认为，KSR案的核心问题是在对现有技术没有提供与其结合的教导、启发或者动机时，是僵硬适用TSM，还是灵活适用教导、启发或者动机原

---

❶ 董安丹：“美国专利法上之非显着性——历史发展及GRAHAM原则（上、下）”，载《智慧财产权》1999年第10期。

❷ Steven P. Smith and Kurt R. Van Thomme. Bridge over troubled water: the Supreme Court’s new patent obviousness standard in KSR should be readily apparent and benefit the public. *Albany Law Journal of Science & Technology*. 2007, 17 Alb. L. J. Sci. & Tech. 127.

则判断发明的创造性。[1] 最高法院拒绝了联邦巡回上诉法院对教导、启发或者动机原则的僵硬适用，将其取代为对专利司法审查的“具体案例具体分析”的方法，该方法必须是包括“本能、逻辑简单、普通推理、非凡思想、有时甚至是天才”的更完善的模式。[2] 最高法院认为，联邦巡回上诉法院僵硬适用的教导、启发或者动机原则与最高法院评价创造性的灵活多样的方法不一致。由 KSR 判例引起的问题对专利制度发展很重要，因为对专利申请宽松的创造性标准损害了专利制度本身。[3]

因此，本文认为，美国最高法院通过 KSR 案例在一定程度上遏制了因为过于强调客观化的审查方法而降低创造性标准的发展趋势，通过强化创造性标准的主观性要求适度提高了创造性标准。这正是创造性审查方法的客观化过程与其自身主观性博弈发展的表现，而且这种博弈过程将贯穿于判断专利创造性的整个过程。

另外，进入知识经济时代之后，创新逐渐成为科技发展的主流，大量科技人员的主要任务就是创新。对创新的过度保护，已经构成对后续创新的阻碍，所以提高发明高度的要求，将是创造性标准的发展趋势。但是，我们应该清楚地认识到，创造性高度的提高不会是一帆风顺的，不适当地提高创造性标准也是不可取的。因为其中充满着利益集团的较量和专利创造性审查方法的不断完善过程，同时必须考虑不同社会经济条件对专利保护水平的要求。例如，KSR 判决其实是对美国专利权人和被控侵权人之间的权利平衡的协调。KSR 案反映出美国长久以来对于专利要件的较低门槛

---

[1] Kristy Joi Downing. Non - obviousness after KSR v. Teleflex. www. foley. com.

[2] Thomas A. Hemphill. The telecommunication and information industries: US patent policy and the criterion of non - obviousness. *Telemat. Informat.* (2007), doi: 10. 1016/j. tele. 2007. 10. 001.

[3] S. Jafar Ali. You Suggest What? How KSR Returned Bite to Non - obviousness. *The Federal Circuit Bar Journal*, 2006/2007, 16 Fed. Cir. B. J. 247.

及广泛授予专利的态度，其过犹不及的做法恐怕未必能促成产业界发展，反而导致更多的困扰与不公平。最高法院适时对此做法提出纠正，促使产学界及官方对专利要件重新检讨，对专利制度发展有其正面意义。该判例使得基于创造性而无效专利更容易。尽管美国专利商标局和法院对专利获得授权的可能性减少和专利诉讼的可预期性的减弱有所担心，但是他们仍然对该判例表示欢迎。可以预期，当这种趋势超过一定限度时，就会走向问题的反面，适度降低创造性高度。总之，世界专利创造性高度的发展将沿着螺旋式提高的趋势进行。

第 13 题

专利保护的创造性标准与生物技术创新*

【摘要】对于生物技术创新而言，适当降低专利创造性标准，可以促使企业增加研发投资，提高技术创新能力。因此作为知识产权战略的一个重要组成部分，《专利法》及其《实施细则》和《专利审查指南》的修改有必要适当降低可专利性中的创造性标准，强化生物技术的专利保护，从而有利于发展生物技术和提高技术创新能力。

一、引　言

生物技术在改善人类健康状况及生存环境、提高农牧业以及工业的产量与质量方面正在发挥着越来越重要的作用，生物技术产业的发展将最终解决世界人口、粮食、环境、健康、能源和海洋等影响21世纪人类生存的重大问题，所以，21世纪被称为生物技术（本文所称生物技术主要是指现代生物技术）的时代。有学者认为，欧盟、日本、中国和印度等国家和地区为转基因农产品设立的管制政策、贸易壁垒一旦被消除，数千亿美元的世界市场将迅速被生物技术经济所侵占。生物技术经济不但可以取代传统的农业、医疗产业，而且能重塑传统制造业以及新兴的信息产业，并成为各国

* 本文原发表于《商场现代化》2007年第18期，有较大修改。

占主导地位的经济部类。[1]生物技术的迅速发展和美好前景的实现离不开法律制度尤其是专利制度的有效保护，但是由于生物技术的专利保护会涉及宗教、伦理道德和人类自身的安全等问题，所以对生物技术的专利保护问题不仅仅是一个法律问题，而且是一个相当复杂的社会问题。虽然有关专利制度对技术发展的作用问题的争议由来已久，但是专利制度对技术尤其是现代技术的推动作用是不言而喻的。随着科学技术的迅速发展，绝大多数国家不但建立专利制度，而且修订频率不断加速，这就是专利制度对科学技术发展具有巨大推动力的很好例证。近年来在专利制度的研究领域，有关现代技术，特别是计算机技术和生物技术的专利保护问题成为学者研究的热点。不过，有学者认为，尽管生物技术的知识产权问题对中国来说很重要，但是中国在生物技术知识产权保护方面的研究还极为薄弱。[2]就生物技术的知识产权研究，尤其是专利保护研究来说，近年来的研究主要集中在生物技术的可专利性方面。在专利的实质要件中，创造性不但最重要，而且最复杂。本文试图从生物技术专利保护的创造性标准来探讨它对生物技术创新和生物技术产业的发展影响，以便有益于《专利法》及其实施细则的完善，进而提高生物技术的创新能力，促进创新型社会建设。

二、专利创造性标准与生物技术创新的关系

我国《专利法》第22条第3款规定，创造性是指与现有技术相比，该发明具有突出的实质性特点和显著的进步，该实用新型具有实质性特点和进步。创造性是一个相对的概念，是与申请日

[1] 魏衍亮：《生物技术的专利保护研究》，知识产权出版社2004年版，第7页。

[2] 郑成思：《知识产权法：新世纪初的若干研究重点》，法律出版社2004年版，第39页。

(享有优先权的，是指优先权日）以前的已有技术对比来说的。专利法所说的已有技术是指“申请日（享有优先权的，是指优先权日）前在国内外出版物上公开发表、在国内公开使用或者以其他方式为公众所知的技术，即现有技术”。[1] 创造性不是一个可以用尺子来衡量的客观标准，对它的判断要靠人的思维才能作出。这个人就是所谓的“发明所属技术领域的技术人员”，他是一个假想的人，他了解所属技术领域的现有技术，具有该技术领域中技术人员所具有的一般知识和能力，而且他的知识水平随着时间的进展而有所不同。所以审查员在判断创造性时，要参照这样一个假想人的认识水平来衡量，不能完全由自己主观认定。[2] 当然，“在这条试图走向‘客观性’终点的道路中，已经布满了主观性的荆棘。”[3] 因此，专利保护的创造性标准问题是一个客观性和主观性交织在一起的、复杂而又重要的问题，其重要性不仅体现在它决定着发明是否受专利法保护，更为重要的是它关系到技术创新、产业发展和经济繁荣的重大问题。这里仅探讨专利保护的创造性标准对生物技术创新的影响。

提高专利保护的创造性标准是否一定会推动技术创新和发展呢？如果能够推动技术创新和发展，推动技术创新的幅度有多大？回答这个问题应该具体问题具体分析。生物技术创新与其他技术创新一样，离不开研发主体的投资。对一个理性的经济人而言，研发投资数量的多少，在一定程度上取决于该项投资的经济回报。换句话说，企业花费多少的资金搞研发，研发什么样的项目，是由它们对不同的研发项目回报的预期利润决定的，或者说，企业总是将有限的资源投放在预期回报率最高的项目。研发项目带来的预期回报由多种因素决定，如研发成本、取得发明的可能性、发明获得专利

---

[1] 《专利法实施细则》第30条。

[2] 汤宗舜：《专利法教程》，法律出版社2003年版，第93页。

[3] 郑成思：《知识产权论》，法律出版社2003年版，第98页。

保护的可能性和专利保护期内的利润率等。这些因素之所以重要，是因为如果研发成本低，取得发明的可能性和发明获得专利保护的可能性大，企业的研发投资回报率就高。❶《专利法》对研发投资的回报体现在两个方面：一是《专利法》规定了可专利性客体范围和客体被授予专利的可能性；二是《专利法》的规定直接影响着研发投资者在专利保护期内的利益回报率。如果《专利法》降低创造性标准，会对研发投资的回报产生两种作用相反的效果。一方面随着创造性标准的降低，未来会有更多的发明创造受到专利保护。企业对源于他人的发明创造的发明创造获得专利保护的可能性就会增加。另一方面企业也会因为竞争对手对其模仿动力的加大而失去一些利益。企业要想在竞争中获胜，最好的、也是最重要的手段是创造、拥有和有效地使用自己的专利。但是，如果从专利中获得的利益越来越少，那么专利的价值也就越来越小，❷企业的研发投资数量也会越来越少，从而使得技术创新能力越来越低，反之亦然。对立法者而言，关键在于他们认为哪一种影响更为重要。如果发明取得专利保护的可能性的增加小于专利价值下降的幅度，研发的预期回报就会增加，从而刺激新的研发投资，提高创新能力，取得更多的创新成果。不过，如果取得专利保护的可能性的增加大于专利价值下降的幅度，研发的预期回报就会减少。这将阻碍企业进行研发投资，从而降低研发主体的创新能力。

那么，取得专利保护的可能性的增加与专利价值下降的幅度由什么来决定呢？专利创造性标准的降低对特定产业中研发活动的影

❶ 企业通过净现值（NPV）标准来决定是否投资一项特定的研发活动，即如果一项研发投资的预期现金流量的现值大于研发投资的成本，就应该投资。参照（美）平狄克、鲁宾费尔德：《微观经济学》（第4版），张军等译，中国人民大学出版社2000年版，第479页。

❷ 这里并不是指专利本身的价值降低，而是说从这些专利中获得的利益因为模仿竞争的增加而减少。

响取决于该产业的创新速度；这种创新速度又取决于该产业技术进步和致力于推进这些技术进步的资源的机会。一些产业，如生物技术、计算机技术、通讯技术和半导体技术等产业的创新速度要快于其他一些传统产业，如钢铁、采矿和石油冶炼等产业。一般而言，一些相对较老的夕阳产业的创新速度要慢一些。对这类产业而言，推出有益于竞争的新专利技术需要花费更多的时间，同时，其他企业要模仿该技术或者作出该发明创造的周边发明创造并取得专利保护需要相对较长的时间。由此加剧的竞争对专利价值的影响可能较小，从而使专利发明具有较高的价值。如果提高创造性标准，该产业中的企业的发明创造获得专利保护的机会增加幅度大于专利价值下降的幅度，从而使该企业可以获得更多的经济利益，进而促使企业进一步加大研发投资，促进技术创新。相反，如果降低创造性标准，则会在一定程度上阻碍该类产业的技术进步。当然，对现代技术，尤其是生物技术而言，推出有益于竞争的新专利技术需要花费较少的时间，同时，其他企业要模仿该技术或者作出该发明创造的周边发明创造并取得专利保护需要相对较短的时间。由此加剧的竞争对专利价值的影响可能较大，从而使该发明的专利价值降低。如果提高创造性标准，该产业中的企业的发明创造获得专利保护的机会增加幅度小于专利价值下降的幅度，从而使该企业可以获得的经济利益减少，进而促使企业进一步减少研发投资，阻碍技术创新。相反，如果降低创造性标准，则会在一定程度上促进该类产业的技术进步，提高创新能力。换句话说，在生物技术等高科技产业中，适度降低创造性标准，会使取得专利保护的可能性的增加幅度小于专利价值下降的幅度，从而刺激新的研发投资，提高创新能力，取得更多的创新成果。

三、有关生物技术专利创造性条件的法律实践

（一）国际公约对生物技术的专利保护

1883年3月20日签订的《保护工业产权巴黎公约》（以下简称《巴黎公约》）规定，公约中所使用的“工业产权”一词应作最广义的理解，该词不仅应在严格意义上与工业产品有关，而且与农业产品（酒类、谷类、水果、牲畜等）以及被用于贸易的矿类产品（矿泉水等）有关。经1925年11月的海牙外交会议和1934年伦敦会议对“工业产权”一词的修改，最终形成了《巴黎公约》的第1条第3款：“对工业产权应作最广义的理解，不仅应适用于工业和商业本身，而且也应该同时适用于农业和采掘业，适用于一切制成品和天然产品，例如，酒类、谷类、烟叶、水果、牲畜、矿产品、矿泉水、啤酒、花卉和面粉。”❶ 从《巴黎公约》的行文可以看出，生物技术及其产品已经被广泛地纳入其保护范围，但《巴黎公约》并未规定生物技术的可专利性或者创造性问题。随后建立的对生物技术采用专门法律或者特别法形式保护的国际公约，如1972年缔结的《保护植物新品种日内瓦公约》和1977年缔结的《国际承认用于专利程序的微生物保存布达佩斯公约》又进一步拓宽和规范了对生物技术的国际保护范围，但是对生物技术保护的创造性问题均未涉及。TRIPs协议的第27条第1款规定，在符合本条第2款（保护公共秩序或道德的例外）和本条第3款（人类或者动物的诊疗方法和动植物品种的例外）的前提下，一切技术领域的任何发明，无论产品发明或者方法发明，只要其新颖、含创造

❶ 郝晓峰：“生物技术知识产权保护问题的由来和发展”，载《知识产权》1996年第2期。

性并可付诸工业应用，[1] 均应有可能获得专利。[2] 当然即使公约对创造性条件有所要求，也不可能对创造性条件的具体要求作出规定。因为不同国家或者地区在不同的时期、同一国家或者地区在不同时期，甚至同一国家、同一时期的不同法院对创造性条件的具体要求可能有不同的判断准则。

（二）涉及美国生物技术专利的创造性标准的相关判例

美国《专利法》第103条是将判例法所形成的“创造性”[3]法典化的结果。该条规定：如果申请专利的客体与现有技术之间的不同是这样一种程度，即在该客体所处的技术领域中一般技术水平的人员看来，该客体作为一个整体，在发明完成时是显而易见的，则不可能获得专利。[4] 美国对生物技术发明非显而易见性的判定曾经以是否能够成功合理的预期作为标准。[5] 在Hybritech案[6]中，美国联邦巡回上诉法院裁定，一种在固定载体上利用单克隆抗体的免疫计量化验方法与现有技术之间的不同，达到这样一种程度，即当单克隆抗体夹层状结构化验试剂盒提出时，所属技术领域的一般技术人员怀疑其可靠性。换句话说，所属技术领域的一般技术人员不能合理地预期其成功，所以可以获得专利。在In re O’Farrell[7]案中，没有证据证明所属技术领域的技术人员会怀疑现有技术中公开

---

[1] 本条所指的“创造性”与“非显而易见性”是同义语，“可付诸工业应用”与“实用性”是同义语。

[2] 郑成思：《WTO知识产权协议逐条讲解》，中国方正出版社2001年版，第104页。

[3] 美国称之为“非显而易见性”，欧洲、日本和我国内地称为“创造性”，我国台湾地区称为“进步性”。

[4] 李明德：《美国知识产权法》，法律出版社2003年版，第39页。

[5] 张晓都：《专利实质条件》，法律出版社2002年版，第328~329页。

[6] 1 USPQ81 (Fed. Cir. 1986).

[7] 7 USPQ2d 1673 (Fed. Cir. 1988).

的线索可以导向一种有用的生产特定蛋白质的方法。尽管申请人争辩说在该领域中是不可预见的，但是法院不同意，并特别指出“显而易见不要求对成功的绝对可预见性，只是对成功合理的预见即可”。❶ 值得一提的是美国对生物技术方法发明创造性的特殊规定。在 In re Durden 案❷中，Durden 专利申请是关于一种新的肟化合物、新的有杀虫作用的氨基酸酯化合物以及由肟作为起始原料生产氨基甲酸酯的方法，两种化合物都被授予了专利权，但没有授予由肟作为起始原料生产氨基甲酸酯的方法专利权，虽反应物不同，但因现有技术已经披露过同样的技术而缺乏显而易见性被驳回。Durden 在向美国联邦巡回上诉法院上诉中辩称，他申请的专利方法是用过去未知的原料生产新的可以取得专利的产品，用于该生产方法中的原料和该方法产生的最终产品是该方法整体的构成部分，与已有的方法不同，因而具有非显而易见性。联邦巡回上诉法院认为，该方法只是产生了预期的效果，即使该方法利用的起始原料或其最终的产品，或者两者是在现有技术中不存在的，但从“整体”上看，该方法是显而易见的。在 Amgen v. United States Int’l Trade Comm’n 案❸中，Amgen 是美国最重要的生物技术公司之一，该公司拥有编码人体促红细胞生成素的基因和表达重组促红细胞生成素的宿主细胞的专利权。但是该公司使用该专利基因和专利宿主细胞生产重组促红细胞生成素方法的专利请求被美国专利商标局依据 In re Durden 案的判决，以显而易见性为由驳回。Amgen v. United States Int’l Trade Comm’n 案暴露了 Durden 判例适用于生物技术

---

❶ 11biotechnology and United States Patent practice, revised 2/7/96 v3, Copyright? 1996 LADAS & PARRY, http://www.ladas.com/GUIDES/BOIOTECH/Biotechnology.USA.html. 转引自张晓都：《专利实质条件》，法律出版社 2002 年版，第 329 页。

❷ 763 F.2d 1406, 226 USPQ 359 (Fed. Cir. 1985).

❸ Amgen v. United States Int’l Trade Comm’n, 902 F.2d 1532, 14 USPQ.2d (BNA) 1734 (Fed. Cir. 1990).

方法发明所产生的负面影响，由此引起的对 Durden 判例的争议持续了较长时间。经过长达5年对提案的争议和修改，国会通过并最终于1995年11月1日生效的《生物技术方法专利法案》，从而推翻了 In re Durden 案判例对生物技术方法发明的适用。❶ 生物技术方法专利重要成果是对《美国专利法》第103条的修改（即增加103条（b）），即对于一项生物技术方法，如果其使用的原料或/和生产的合成物具有可专利性，那么该生物技术方法是具有显而易见性的。1995年生物技术方法专利法案的真正目的只是确保使用的原料或/和生产具有可专利性的合成物的方法具有显而易见性，即可专利性。但是实际上，该法案在一定程度上降低了生物技术专利保护的显而易见性标准，从而促进了生物技术的发展。尽管美国众议院司法委员会认为，受保护的生物技术方法的范围较小，不包括根据生物技术方法法案或者通常可专利性条件，本身缺乏显而易见性的下游或者上游生物技术方法。❷ 可以看出，美国对生物技术的专利保护的非显而易见性逐渐降低的发展过程，这个过程对美国生物技术的领先地位的推动作用是不言而喻的。

（三）欧洲生物技术专利创造性标准的相关规定

欧洲专利局的审查员通常应用“问题解决方案法”来审查专利申请的技术是否具有创造性。该方法有三个主要步骤，首先是确定最接近的现有技术，其次是确定所要解决的技术问题，然后是从最接近的现有技术与所要解决的技术问题出发，确定要求专利权的发明对所属技术领域的一般技术人员来说是否显而易见。同时在审查发明的创造性时，欧洲专利局的审查指南要求考虑发明创造的辅助标准，如发明克服技术偏见、需要解决的问题存在时间长短、发

---

❶ The Biotechnology Process Patent Act of 1995, Public Law 104 - 4 - Nov. 1, 1995, 109 STAT. 351.

❷ 张晓都：《专利实质条件》，法律出版社2002年版，第345~350页。

明对长时间需求的满足、发明在商业上的成功以及发明的意想不到效果等。欧盟于1998年7月通过的《关于生物技术发明的法律保护指令》的第3条规定：为本指令之目的，新的、有创造性，而且能够在工业上应用的发明应具有可专利性，即使它们涉及由生物材料组成或含有生物材料的产品，或者涉及一种使生物材料得以复制、产生或应用的方法；从自然环境中隔离的或通过技术手段产生的生物材料可以成为发明的客体，即使它曾在自然界中存在。❶

（四）日本生物技术专利创造性标准的相关规定

日本生物技术发明的创造性判定的基本原则是：如果获得该与基因相关的发明是容易的，而该发明又不具有不能预见的优越的效果，则该发明不具有创造性；尽管获得该与基因有关的发明是容易的，但该发明具有不能预见的优越性，则该发明具有创造性。日本专利法关于创造性的定义决定了在日本判断与基因有关发明的创造性的准则是“明显可试的测试法”，因为一项发明是否具有创造性是看所属技术领域的一般技术人员“是否容易地获得该发明”，存在“明显可试的”方法，一般来说就可以初步认定得到相应的发明是容易的，因而就是不具有创造性的。“从化学结构来看，基因或DNA序列是由4种核苷酸通过一定的次序排列而成的大分子化合物，本质上是一种化学物质。”❷ 就一般化学物质而言，结构相似一般就可推定其性质也相似，对于一种与已知的化学物质在结构上和性质上都相似的化学物质，所属技术领域的一般技术人员是容易获得的，故该发明不具有创造性。如果结构上相似，但新的化学物质具有不可预见的性质或者其性质的优越性显著地高于预期，对

---

❶ 姜丹明译，文希凯校：“欧盟《关于生物技术发明的法律保护指令》简介”，载《知识产权》1999年第2期。

❷ 朱雪忠：《知识产权协调保护战略》，知识产权出版社2005年版，第226页。

该种新的化学物质所属技术领域的一般技术人员就不能容易地获得，所以基于结构上相似得出的无创造性的初步认定就不能成立。[1]

（五）我国生物技术专利创造性标准的相关规定

我国《专利法》第22条规定，授予专利权的发明和实用新型，应当具备新颖性、创造性和实用性；创造性是指与现有技术相比，该发明具有突出的实质性特点和显著的进步，该实用新型具有实质性特点和进步。尽管生物技术在许多国家已经得到知识产权保护，然而，我国在2000年修订通过的《专利法》依然没有把生物技术发明纳入保护范围。2001年公布的《专利法实施细则》对《专利法》中的“授予专利的条件”避而不作解释和说明。但是在第25~26条增加了“新的生物材料”的申请与实验的规定。这实际上等于在某种程度上，承认了生物技术的可专利性。[2]尽管对“新的生物材料”所指并没有作出具体说明，但2006年《专利审查指南》，则将生物技术的基因、重组载体、转化体、融合细胞、单克隆抗体的创造性作了区别对待。《审查指南》规定，（1）基因：如果在申请的发明中，某蛋白质已知、而其氨基酸序列是未知的，那么只要所属领域技术人员在该申请提交时可以容易地确定其氨基酸序列，编码该蛋白质的基因发明就不具有创造性。（2）重组载体：如果载体与插入的基因都是已知的，通常由它们的结合所得到的重组载体的发明不具有创造性。但是，如果由它们的特定结合形成的重组载体的发明与现有技术相比具有预料不到的效果，则该重组载体的发明具有创造性。（3）转化体：如果宿主与插入的基因都是已知的，通常由它们的结合所得到的转化体的发明不具有

---

[1] 张晓都：《专利实质条件》，法律出版社2002年版，第341页。

[2] 乔生：“生物技术对专利制度的挑战与中国专利法修改探讨”，载《法律科学》2005年第2期。

创造性。但是，如果由它们的特定结合形成的转化体的发明与现有技术相比具有预料不到的效果，则该转化体的发明具有创造性。(4) 融合细胞：如果亲代细胞是已知的，通常由这些亲代细胞融合所得到的融合细胞的发明不具有创造性。但是，如果该融合细胞与现有技术相比具有预料不到的效果，则该融合细胞的发明具有创造性。(5) 单克隆抗体：如果抗原是已知的，并且很清楚该抗原具有免疫原性（例如由该抗原的多克隆抗体是已知的或者该抗原是大分子多肽就能得知该抗原明显具有免疫原性），那么该抗原的单克隆抗体的发明不具有创造性。但是，如果该发明进一步由其他特征等限定，并因此使其产生了预料不到的效果，则该单克隆抗体的发明具有创造性。

四、适度调整生物技术专利创造性标准，促进生物技术产业的发展

学术界对“不同产业适用不同的创造性标准”问题存有争议，有些学者认为不同产业之间应该适用相同的创造性标准，也有学者认为，不同产业应该适用不同的创造性标准。本文赞同后一种观点。也是在后一种观点的基础上，本文认为我们应该发挥我国在生物技术方面的优势，完善专利法相关制度，进一步促进生物技术产业的发展。

首先，修改《专利法》第 25 条第 1 款第 4 项（对动物和植物品种不授予专利权），明确规定对生物技术专利保护。有学者认为，以专利法保护植物新品种的国家有美国、原联邦德国、日本、法国、荷兰、丹麦等国，但真正在专利法中明确规定植物新品种享有专利保护的并不多。例如，原联邦德国只是在最高法院解释其专利法时推定植物品种可以获得专利保护。日本也只是从 1975 年的《植物新品种审查标准》中，可以转而推定某些植物品种受专利保护。早就有学者预言，随着生物技术的发展，会有更多的国家保护植物品种本身。中国国家知识产权局也曾表明，在将来中国也可能

把保护范围延及植物本身。❶ 也有学者认为，当充分考虑和满足专利性要求的有关生物材料的技术发展，生物技术发明的某些特别方面需要调整到或加入专利法中，如《专利法》第25条第4款规定的不授予专利的“动物和植物品种”不能绝对化。❷ 另外，《关于生物技术发明的法律保护指令》第4条第2款规定，“有关植物和动物的发明，如果其技术可行性不仅限于特定的植物或动物品种，则它具有可专利性”；第3条第2款规定，“从自然环境中隔离的或通过技术手段产生的生物材料可以成为发明的客体，即使它曾在自然界中存在”；第5条第2款规定，“脱离人体的或者通过技术方法而产生的某种元素，包括基因序列或是基因序列的某一部分，可以构成可授予专利的发明。即使该元素的结构与一个自然界的结构完全相同”。❸ 总之，不论是对基因的发明，还是对转基因的发明，美国、欧盟、日本的专利法及其判例都对动植物品种，特别是对转基因动物和植物进行保护。因此，中国专利法应该明确对动植物品种，特别是转基因动物和植物的专利保护。或许有人会说，植物品种应该属于《植物新品种保护条例》保护，没有必要纳入专利法的保护范围。这个问题早就有学者论述过，中国对植物新品种应该进行双重保护。❹ 目前我国正处于实施知识产权战略的初级阶段，加之我国植物品种的优势，将动植物品种，特别是转基因动物和植物纳入专利法的保护范围，不仅会推动我国经济和社会的发展，而且会提高我国的创新能力，有益于创新型国家的建设。

其次，修改《专利法实施细则》和《审查指南》有关条款，

---

❶ 郑成思：《知识产权论》，法律出版社2003年版，第194页。

❷ 乔生：“生物技术对专利制度的挑战与中国专利法修改探讨”，载《法律科学》2005年第2期。

❸ 姜丹明译，文希凯校：“欧盟《关于生物技术发明的法律保护指令》简介”，载《知识产权》1999年第2期。

❹ 郑成思主编：《知识产权研究（第2卷）》，中国方正出版社1996年版，第78页。

适当降低生物技术发明的创造性标准。从前面有关生物技术发明创造性标准的论述可知，适当降低创造性标准，可以强化生物技术的专利保护。在我国强化生物技术的专利保护之所以重要，不仅仅因为它可以促进技术创新，更为重要的原因在于它是我国国情和国策的需要：首先是我国知识产权战略、科教兴国战略和可持续发展战略的需要；其次是我国遗传基因资源的多样性优势和现代生物技术的巨大潜力的需要；再次是顺应国际知识产权重点发展趋势的需要。因此，为了能在专利制度之内降低生物技术发明可专利性中的创造性标准，必须在修改《专利法》的基础上，相应修改《专利法实施细则》和《专利审查指南》，使得生物技术的创造性标准降低具有更强的可操作性。

另外，是否有必要增加类似于《美国专利法》第 103（b）条款的规定，值得思考。也就是说，是否应该规定，对于一项生物技术方法，如果其使用的原料或/和生产的合成物具有可专利性，那么该生物技术方法是具有显而易见性的。尽管该法案在一定程度上降低了生物技术专利保护的显而易见性标准，从而促进生物技术的发展，但是从该法案颁布后的司法实践来看，美国对其专利法第 103（b）条款的适用并不多。

第五编
专利及其制度运用

第 14 题

专利侵权诉讼攻防策略研究*

【摘要】专利侵权诉讼攻击是跨国公司近年来不断对我国企业采用的一种商业化经营策略。本文将专利侵权诉讼作为企业的一种商业策略，结合法律规则和企业经营法则，探讨了专利侵权诉讼的商业特征，并在此基础上阐述了企业应用专利侵权诉讼进攻和防守的各种策略。

当前国际竞争越来越激烈，尤其是高科技领域的企业，以专利为核心的技术竞争强度不断加剧。我国企业应该加大科研投入力度，提高技术创新能力，争取更多的专利保护自己的发明创造，尤其是要及早熟悉专利规则，并将其作为一种策略应用到企业经营和生产活动中，为企业在激烈的市场竞争中赢得优势增添砝码。

一、专利侵权诉讼及其商业特征

提起专利侵权诉讼是权利人利用法律保障自己的权利不被侵犯的有效手段，也是企业经营策略的一部分。将专利侵权诉讼活动作为一种商业策略来使用，企业可以借此打压竞争对手的市场竞争实力，增加对手的经营成本；也可以通过这种法律活动来获取高额赔

* 本文原发表于《科学学与科学技术管理》2008 年第 7 期，作者为文家春、乔永忠、朱雪忠。

偿金，增强自身竞争优势。专利侵权诉讼越来越成为一种商业竞争策略，一方面源于专利权本身所具有的极强的垄断性，另一方面源于专利侵权诉讼所具有的商业特征。从商业化的角度来看，专利侵权诉讼具有以下特征。

（一）投入成本高

由于专利侵权本身的复杂性，一场专利侵权诉讼可能需要企业投入大量的资金和人力。一般来说，企业需要为专利侵权诉讼投入的成本包括侵权调查费用，如委托专门的代理机构对侵权专利技术进行检索，委托专业人士对侵权专利进行技术分析等；诉讼过程中发生的官费，如交付（或预付）案件受理费、诉讼费、财产保全费用等；律师或者专利代理人的代理费用，如我国企业在国外进行专利侵权诉讼，往往需要委托国外的专利律师代为诉讼。国外专利律师收费是企业在涉外专利侵权诉讼中需要投入的一笔不小的开支。另外，在专利的涉外侵权诉讼中，如果不是在本国内进行诉讼，专利侵权诉讼过程中产生的翻译费用、差旅费用等也将是相对比较高的成本投入。

（二）持续时间长

专利侵权纠纷的特殊性体现在它常常伴随着专利确权的行政纠纷。一旦被告侵权的一方在诉讼中提起专利无效的申请，可能要经过漫长的专利无效程序。对无效审查决定不服的，还可以提起专利行政诉讼。如果在专利侵权诉讼中，因专利无效程序或者专利无效审查不服引起的专利行政诉讼而中止，对专利侵权诉讼的一审不服又启动了二审程序，在这种情况下专利侵权诉讼的最终解决往往要耗费大量的时间。一般而言，如果不在诉讼中和解，专利侵权诉讼的最终裁决需要耗费少则 2～3 年，多则 10 年，甚至十几年的时间。

（三）赔偿额度大

在专利侵权纠纷中，如果权利人提出权利赔偿金的请求，数额一般都比较巨大。这主要是由专利侵权的特殊性决定的，企业侵犯他人的专利权，往往是企业生产、销售或者进口的某一类产品侵犯了他人的专利权。而这一类产品数量巨大，对于支撑企业生存的关键性盈利产品而言，更是如此。另外，权利人计算赔偿额度往往不是以某一个产品的部件为计算单位，而是以整个产品作为赔偿额度的计算单位，如果企业生产的是组装类产品，那么侵权的赔偿额度可能会高得惊人。[1]

（四）商业风险高

专利侵权诉讼的商业风险主要来自两个方面，即法律上的风险和市场上的风险。前者主要是指败诉后给企业带来的风险。如果提起诉讼方败诉，不仅面临高额费用的支出、相当长时间的耗费，也可能在诉讼中因对方提起侵权反诉或者无效宣告请求，面临向对方支付赔偿金，或者丧失专利，从而丧失市场的风险。[2] 如果被诉方败诉，其风险主要来自于需要支付高额诉讼费用、向对方支付巨额的赔偿金，甚至被迫退出相关市场。后者主要是指诉讼持续时间长导致的市场变化给企业带来的风险。对权利人而言，如果提起诉讼之初的目的随着市场的变化已经无法实现，将会给企业带来大量资金和人力的浪费。如被控侵权的专利技术随着市场的变化被其他更

---

❶ Lanjouw, Jean O, Schankerman, Mark. Characteristics of Patent Litigation: A Window on Competition [J]. *Rand Journal of Economics*, Spring 2001, 129～151.

❷ Sugata Marjit. Cooperation in R&D: the case of patent infringement agreements [J]. *Journal of Economic Behavior & Organization*, Volume 45, Issue 4, August 2001, 383～401.

先进的技术所取代而丧失了市场应用价值，那么企业最初通过专利侵权诉讼将竞争对手排挤出相关市场的目的就可能落空。对被控侵权方而言，如果市场发生了变化，也可能会使自己在专利侵权诉讼中作出不当的让步，如向对方交付已经被市场淘汰的专利技术使用费。

二、专利侵权诉讼进攻策略

企业在运用专利侵权诉讼向竞争对手发起进攻时，要明确诉讼目的，做好诉讼前的决策分析和准备工作，选择恰当的对象、时间和地点，并通过恰当的战术，达到以最小的成本、最低的风险，获得最大的利润的目的。

（一）专利侵权诉讼攻击的目的

向竞争对手提起专利侵权诉讼攻击本身不是企业的目的，其真正的目的只能是经济利益，寻求企业利润的最大化。一般来说，专利侵权诉讼攻击的目的主要包括以下5个方面。一是迫使竞争对手退出相关市场。在应用这种策略时，往往会遇到竞争对手的顽强抵抗，尤其是以被控侵权产品作为其主营业收入的企业。因此，企业在专利侵权诉讼攻击的前期应该做好充分的准备工作，包括对诉讼可行性的分析、成本效益分析，对诉讼中可能出现的各种情形的预测及应对策略的分析。二是在短期内提高企业知名度，使企业股票升值。有些企业要打开某一地区的市场，在知名度不够的情况下，往往会选择对该地区比较大的企业提起专利侵权诉讼，从而通过媒体的报道效应迅速扩大自身的市场知名度，起到开拓市场并使股票价值升值的目的。三是增加谈判砝码。企业在与其他企业谈判专利技术合作事宜时，可以通过向竞争对手提起专利侵权诉讼攻击，降低竞争对手谈判条件的价值。四是扰乱竞争对手的市场推进策略。这种目的通常是以那些在本竞争领域风头正劲的企业作为对象，通过向这些正在快速扩展中的企业发动专利侵权诉讼，降低该竞争对手的投资者和消费者的信心，降低其股票价格或者阻止其相关项目的正常进行。五是通过向竞争对手提起专利侵权诉讼攻击，向竞争对手收取高额的侵权赔偿金，从而达到使本企业利润增长、竞争对手经营成本增大的目的。

（二）专利侵权诉讼攻击前的准备

由于专利诉讼攻击所具有的商业特征，企业应该在向竞争对手发动专利诉讼攻击之前，做好相应的前期准备工作，防止诉讼过程中投入成本和诉讼风险过高。首先企业应该再次评估自己专利的有效性，包括对专利技术的现有技术的检索、专利性的分析、专利法律状态的调查等。其次，要准确、全面地收集与专利侵权诉讼攻击有关的情报，并对情报进行分析和整理，出具相应的分析报告。[1]再次，要准确评估专利侵权诉讼攻击胜诉的可能性。这主要是根据收集的证据进行评估，这些证据包括支持诉讼形式合格的证据、支持侵权事实的证据、支持诉讼请求的证据等。[2]最后，要对专利侵权诉讼攻击可能面临的风险进行准确评估，并分析如何采取措施防止风险发生及风险发生后如何及时补救的策略。

（三）专利侵权诉讼攻击的最佳对象

专利侵权诉讼攻击实际上是在企业与竞争对手之间发起的一场关于专利诉讼的“战争”。对发动这场“战争”的企业而言，选择正确的对手对其获取最后的胜利显得非常重要。专利侵权者不仅包括直接使用专利技术的制造商，也包括专利产品的销售商或者进口

---

[1] Choi, Jay Pil. Patent Litigation as an Information Revelation Mechanism [J]. *American. Economic Review*, December 1998, pp. 1249 ~ 1263.

[2] 赵俊慧、王伯良：“我国企业应对国外专利攻击的策略”，载《现代管理科学》2005年第7期。

商，因此，企业发动专利侵权诉讼攻击的对象可能是多个。企业在选择诉讼攻击对象时，一般需要考虑以下两个方面。其一，如果可以提起专利侵权诉讼攻击的是一些小企业，最好选择其中具有代表性的企业首先进行专利侵权诉讼攻击。一旦这家代表性企业被打败，其他诉讼攻击的对象可能就不敢蛮战，这样做不但省力，而且成本也低，效果也较佳。❶ 其二，如果可以提起专利侵权诉讼攻击的是一些大企业，最好选择其中比较弱的企业，首先从最易在诉讼攻击中被击破的企业下手。如果不加选择地任意选取诉讼攻击对象，可能会因被诉方抵抗的专利筹码多或者诉讼经验丰富而不能获得胜诉，甚至有可能被反诉侵权。企业在诉讼攻击的过程中，应尽量避免对所有的竞争对手一起提起诉讼攻击，防止被诉者联合起来形成对抗的联盟，应该采取各个击破的形式，逐一进行诉讼攻击，这样也能达到在专利侵权诉讼攻击中“以战养战”的效果。❷

（四）专利侵权诉讼攻击的最佳时间

企业应该选择在恰当的时机提起专利侵权诉讼攻击，以使其能给企业带来最大的效益。如果时机选择不当，可能会导致企业专利侵权诉讼攻击遭遇竞争对手的全力反抗，甚至出现即使获胜也无利可图的局面。企业在选择专利侵权诉讼攻击的时机时，往往采取如下策略。一是选择在对手处于危难之机进行专利侵权诉讼攻击。如竞争对手正在为其他诉讼忙得不可开交，此时再应付专利侵权诉讼攻击，就不能完全投入，给诉讼攻击者以可乘之机。二是选择在对手财务状况不佳之时提起专利侵权诉讼攻击。此时竞争对手可能没有足够的财力来应付旷日持久的专利侵权诉讼，只得草草收兵。三是选择在竞争对手正在进行重大活动期间。如正在进行股票上市准

---

❶ 魏衍亮：“专利战问题浅析”，载《知识产权》2003 年第 6 期。

❷ 王晋刚、张铁军：《专利化生存——专利刀锋与中国企业的生存困境》，知识产权出版社 2005 年版，第 284 页。

备、收购或者融资等事务时，企业一般不愿意面对诉讼风险，也没有足够的精力投身到一场无止境的高消费诉讼中来，更不愿意因为专利侵权诉讼而影响企业在股民、其他投资者或者合作者心目中的形象。四是选择在竞争对手已经为侵权付出了相当成本之后进行诉讼攻击。如发现竞争对手正在实施侵权行为，此时并不急于进行诉讼攻击，而是等竞争对手已经付出了大量的生产和市场推广成本之后，在市场已经达到了一定的成熟度后，再伺机提起专利诉讼侵权攻击。[1] 当然，企业在选择专利侵权诉讼攻击的时机时，也要注意，不要因为等待时机的到来耽误了诉讼时效。

（五）专利侵权诉讼攻击的最优地点

专利侵权诉讼攻击的“战场”选择也很重要，因为任何专利侵权诉讼的裁决都受到受诉法院的影响。由于各国的专利制度不一样，诉讼程序也各有不同，同样的案件，在不同的地点进行诉讼，不同的法院可能作出不同的裁决。因此，企业在选择专利侵权诉讼攻击地点时，应首先调查各地的专利和诉讼制度，在法律容许的范围内选择对自己最有利的诉讼管辖地。如专利侵权诉讼攻击中的进攻者可以选择侵权产品制造地、进口地或者销售地进行诉讼。通常来说，专利侵权诉讼攻击的进攻者都会选择在产品销售地而不是产品制造地进行诉讼攻击，因为产品制造地往往是被攻击者的企业所在地，如果在产品制造地进行诉讼，就让被诉者占到了地利的优势。当然，在专利侵权诉讼攻击中选择诉讼地点的首要条件是诉讼攻击者在这些地方都获得了专利授权。尤其是在跨国诉讼攻击中，诉讼攻击者在诉讼地具有专利权是必需的基础性条件。另外，在选择专利侵权诉讼攻击地点时，需要考量受诉法院的裁判风格，尤其是在英美法系的判例法国家，不同法院的裁判风格往往不一样。应选择那些对专利保护比较推崇，专利案件审理比较公平、快速的

---

[1] 力文：“专利战争”，载《国外社会科学文摘》2000年第7期。

法院。

（六）专利侵权诉讼攻击的其他应用战术

企业发动专利侵权诉讼攻击时，不仅要注意做好诉讼攻击的准备工作，选择有利的诉讼攻击时机、诉讼攻击对手和战场，而且应该要选择好妥当的诉讼进攻策略。首先，在对多个对象采取诉讼攻击时，应将诉讼对象逐一对比后选择对自己比较有利的一个攻击对象首先攻击，而不能盲目地对多个竞争对手同时进行诉讼攻击，避免自己陷入他人组成的诉讼反抗联盟的包围中。其次，在提起专利侵权诉讼攻击时，最好是对同一对象同时提起多项知识产权诉讼攻击，如在提出对方侵犯了自己多项专利权时，也可以将著作权侵权、侵犯商业秘密、违反技术合同等诉讼理由一同包括在内。这样做的目的是为了扩大专利侵权诉讼攻击的范围，增加竞争对手应诉的成本。国外企业在向我国企业发动专利侵权诉讼攻击时，往往都是首先检索了自己的专利，在可能的情况下同时提起多项诉讼攻击理由，让对手难于应付，或者即使应付也需要付出较大的应诉成本，从而使得竞争对手不战而栗。另外，专利侵权诉讼攻击的过程中，也应该根据诉讼的进展及各种条件的变化，及时变换诉讼攻击的策略，如当初制定的诉讼攻击目标是要让竞争对手退出市场，采取的是强硬的诉讼攻击策略，但通过在诉讼中进行的补充检索，发现自身专利存在着可能被宣告无效的可能，就应该及时转变诉讼策略，通过和解的形式尽早地结束诉讼攻击。

三、专利侵权诉讼防守策略

在专利侵权诉讼中，有攻就有防。企业一方面要利用专利侵权诉讼作为攻击手段主动向对手发起进攻，同时，也可能在专利争夺战中遭遇他人提起的诉讼攻击。因此，专利侵权诉讼中的防守策略是企业应该掌握并经常运用的。专利侵权诉讼的防守策略主要是针对他人提起诉讼攻击，如何有效地破除危机，将损失降低到最小，甚至是采取对策反守为攻。一般来说，企业专利侵权诉讼的防守策略主要包括以下六个方面。

（一）反击对方专利的弱点

企业一旦遭遇到竞争对手提出的侵权诉讼攻击，首先应及时对被指控侵权的专利进行调查。调查内容包括该专利是否已经授权、授权的地域范围、是否已经过期或者失效。其次，要对专利申请过程进行调查，分析该专利的技术特征及其保护范围，尤其是要利用专利制度中的禁止反悔原则，将专利权人在专利申请的审批、专利权撤销或无效宣告程序中，为确立其专利的新颖性或创造性，通过书面声明或者文件修改，对权利要求的保护范围做了限制或者部分放弃，并因此获得了专利权的情形下，对其专利的保护范围进行分析。然后通过对自身使用的技术进行分析，提炼技术特征后与对方专利的保护范围进行比较，从而确定自己是否侵权。最后，要对相关的现有技术进行可专利性检索，挖掘对方专利无效的证据，如找出对比技术证明被指控侵权的专利缺乏新颖性或者创造性，从而主张对方专利无效或者部分无效。

（二）利用实体规定摆脱诉讼

如果在应对专利侵权诉讼的过程中，企业找不到对方专利的弱点，初步确立侵权事实后，也可以寻求实体法的规定，对诉讼请求进行抗辩。首先，企业可以利用自己使用的技术是自由公知技术进行抗辩。[1] 如果企业使用的是与已有公知技术相同或者等同的技术，就不能认定为侵权，从而摆脱诉讼。其次，企业可以通过证明自己使用相关专利的情形是法律规定的不视为侵权的情形，如我国

---

[1] 朱显国："专利侵权诉讼中的公知技术抗辩"，载《南京理工大学学报（社科版）》2003年第3期。

专利法中规定的在先使用、临时过境、权利耗尽等情形。最后，证明自己的使用属于合法使用，如通过证明是基于合法的委托开发合同、合作开发合同、许可使用合同、专利转让合同等原因的使用来脱离诉讼。

（三）寻找诉讼程序上的漏洞

企业在应对对方专利侵权诉讼的进攻时，不仅要从实体法上寻找根据，同时，应该善于利用诉讼法上的程序性规定牵制竞争对手，尤其是当竞争对手在诉讼程序上存在漏洞时，企业有时可以借此摆脱诉讼。首先，被诉企业可以提出管辖权异议，避免竞争对手利用管辖法院实行地方保护主义，同时可以到对自己有利的法院应诉，节约诉讼成本，增加竞争对手的诉讼成本，有时甚至可以迫使对方放弃诉讼。其次，被诉企业可以对诉讼主体资格提出质疑。既可以对竞争对手的原告资格提出异议，从而消灭对方的起诉权，同时也可以通过证据证明自己不是适格的被告，从而摆脱诉讼。再次，被诉企业可以利用对方的懈怠，主张诉讼时效已过，从而可能驳回竞争对手提起的诉讼，避免诉讼上的纠缠。最后，被诉企业可以对对方提出的证据进行质疑，增加对方的诉讼成本，有时可能因为对方诉讼证据上存在的不足，而使得对方提出的诉讼事实或者诉讼请求不成立，使自己免于诉累。

（四）积极行使诉讼权利

被攻击的企业如果通过对专利及被控侵权的技术进行检索、分析，并在证据调查的基础上进行了全面的法律分析，发现自己确实侵权。此时，被诉企业最重要的是如何降低对方提出的侵权赔偿数额，避免企业因此遭受巨大的损失。一般来说，企业可以从以下几个方面降低专利侵权诉讼的赔偿数额。首先，企业应该正确地评估自己侵权的程度，包括确定侵犯竞争对手专利权的类型、侵犯对方指控侵权的专利中哪些有效的专利及其数量以及这些被侵权专利的哪些权利要求等，在确定了侵权事实及程度的基础上与对方谈判。[1] 其次，可以通过质疑对方提出的赔偿请求证据，包括对方提出的遭受损失的证据、被诉企业获利的证据等。[2] 最后，可以通过举证证明自己使用专利技术或者销售、进口专利产品是基于善意，从而达到降低赔偿数额的目的。

（五）积极分析和解的可能性并促成和解

被专利侵权诉讼攻击的企业，应该在诉讼攻击战打响之初，积极分析和解的可能性，并采取有效的措施促成和解，从而避免在诉讼中消耗漫长的时间和巨额的费用。如果提起专利侵权诉讼攻击的企业提出的诉讼赔偿数额并不是漫天要价，而且该企业在该领域的市场占有率不高，甚至没有进行相关产品的经营，那么，该竞争对手提起侵权诉讼的目的很可能就是要求对方支付许可费、或者希望与对方进行专利技术的交叉许可合作。如果对方提出的赔偿数额相当大，该企业的市场占有率也比较高，那么，该竞争对手提起侵权诉讼的目的就很可能是要求对方退出相关市场，从而达到垄断市场的目的。前者具备了谈判和解的可能，而后者基本上没有谈判和解的可行性。被攻击企业在确立采用诉讼和解策略应对后，就可以采取积极的措施促成双方的和解。首先，企业应该主动要求合作，并根据本企业的优势和对方企业的需求恰当地提出和解条件。其次，如果对方在提起侵权诉讼之初不愿意和解，可以利用专利无效的反诉来拖延诉讼时间。最后，被诉企业可以利用自己拥有的专利，向对方发动专利侵权诉讼攻击，达到以战促谈的目的。

---

[1] Shapiro, Carl, "Antitrust Limits to Patent Settlements," *Rand Journal of Economics*, Summer. 2003, pp. 391 ~ 411.

[2] 王伟："专利侵权诉讼的特殊性及其若干程序性救济"，载《商业现代化》2007年第11期。

四、结　语

专利侵权诉讼作为企业进行专利战中攻击对方的矛和防御对方攻击的盾，具有投入成本高、持续时间长、赔偿额度大、商业风险高等商业特征。我国企业一方面要在尽力提高技术创新能力的同时，积极申请专利，最大限度地保护自己的发明创造；另一方面要在提高有效防御国外企业利用专利侵权策略进行攻击能力的同时，要提升自己对专利侵权策略的运用能力。当专利侵权诉讼作为攻击策略或者作为矛时，应该在攻击前做好充分准备，并明确攻击目的、合理选择最佳的诉讼对象、时间和地点，从而在诉讼中获得尽可能多的利益；当专利侵权诉讼作为防御策略或者作为盾时，应该注意反击对方专利的弱点，尽可能利用实体和程序方面的漏洞摆脱诉讼，积极行使诉讼权利，争取与其他被诉者或者潜在的被诉者组成联盟，积极分析和解的可能性并促成和解，以便在诉讼中最大限度地减少损失。

第 15 题

专利申请新颖性宽限期规则的援引现状及利用策略*

【摘要】宽限期作为丧失新颖性的例外，对专利申请人十分重要。我国专利申请人整体上对宽限期的认识不够，运用率极低，以致一些有价值的发明创造因为早期公开而未能获得专利保护。本文提出合理利用本国宽限期规则的策略和积极应对外国不同宽限期规则的策略，以期帮助专利申请人最大限度地维护自身利益。

一、我国的宽限期规则

宽限期作为丧失新颖性的例外，是指提交专利申请前一个特定期间，在该期间内某些主体以一定方式公开发明创造而不破坏其专利申请的新颖性。[1]宽限期实际上是专利法赋予申请人的一种优惠，允许他将已经公开的发明创造在一定期限内再申请专利。如果申请人合理利用宽限期，不仅可以达到早期公开的目的，还可以挽救一

---

* 本文原发表于《电子知识产权》2008 年第 8 期，作者为万小丽、乔永忠。

[1] 刘华、万小丽、赵静："对新颖性宽限期规则的研究"，见国家知识产权局条法司：《〈专利法〉及〈专利法实施细则〉第三次修改专题研究报告》，知识产权出版社 2006 年版，第 220～245 页。

些有价值的专利。我国《专利法》第24条规定了狭义宽限期，即申请专利的发明创造在申请日或优先权日❶以前6个月期限内，在中国政府主办或者承认的国际展览会上首次展出或者在规定的学术会议或者技术会议上首次发表或者他人未经申请人同意而泄露其内容，不丧失新颖性。如果申请人要援引宽限期，还必须按照《专利法实施细则》第31条的规定履行一定的手续：（1）对于国际展览会展出和会议发表，申请人需要在提交申请时声明并自申请日起2个月内提交证明文件。（2）对于未经同意的公开，申请人只需要在专利局认为必要的时候提交证明文件。但是，《审查指南》（2006）第一章6.3.3对未经同意的公开进一步限定为："若申请人在申请日前已获知，应当在提出专利申请时在请求书中声明，并在自申请日起2个月内提交证明材料。若申请人在申请日以后得知的，应当在得知情况后2个月内提交证明材料。"后一句规定太严，显然与专利法实施细则规定有些冲突。如果在授权日以后得知，他人又没有提出无效宣告请求的情况下，强制要求申请人提交证明文件，不仅没有实质上的意义，反而增加申请人的负担，增加专利局的工作量❷。

二、宽限期规则的援引现状及原因分析

（一）援引宽限期的整体情况

根据国家知识产权局提供的数据，从1985年4月到2006年12月，所有专利申请（3 334 376件）中，援引宽限期的只有1 311件，

---

❶《专利法实施细则》第10条规定：除《专利法》第28条和第42条规定的情形外，专利法所称申请日，有优先权的，指优先权日。本细则所称申请日，除另有规定的以外，是指《专利法》第28条规定的申请日。

❷ 张晓都：《专利实质条件》，法律出版社2002年版，第151页。

占申请总量的0.039%。其中国内申请人的专利申请（2 727 626件）中，援引宽限期的有1 296件，占国内申请总量的0.048%。而根据日本特许厅发布的信息，1999年援引宽限期的专利和实用新型申请有1 735件，占当年申请总量的0.42%。❶ 可见，我国申请人的宽限期意识淡薄，主动运用宽限期规则维护自己权益的情况非常少。有相当一部分申请人在申请专利的时候没有考虑到宽限期，他人提出异议或无效宣告时才想起来用宽限期保护，但是为时已晚。因为按照我国的宽限期规则，申请日前6个月内首次以展览和会议形式公开的，必须在申请专利时提出声明并在2个月内提交证明文件，否则将失去援引宽限期的权利❷。虽然我国第一次制定专利法的时候就规定了宽限期，但是历经20多年，申请人（包括发明人）对宽限期一直认识不够，以致宽限期在我国没有发挥其应有的作用。

（二）各申请人援引宽限期的情况

表1　我国申请人援引宽限期的专利申请量（1985年4月~2006年12月）

专利类型	申请人类型					
	个人	工矿企业	大专院校	科研单位	机关团体	合计/所占百分比
发明	246	20	12	4	1	283 / 21.8%
实用新型	503	70	1	0	3	577 / 44.5%
外观设计	299	136	1	0	0	436 / 33.6%
合计/百分比	1 048/ 80.9%	226/ 17.4%	14/ 1.1%	4/ 0.3%	4/ 0.3%	1 296/ 100%

数据来源：国家知识产权局提供。

❶ Straus J. Expert Opinion on the Introduction of a Grace Period in the European Patent Law [R]. Submitted upon request of the European Patent Organization. May 8, 2000. (C. Ⅱ. 46.).

❷ 案例：在规定的会议上首次展出，http://www.sipo.gov.cn/sipo/xwdt/mtjj/2005/200507/t20050728_72476.htm.

1. 对于个人

表 1 显示，个人利用宽限期的专利申请量最多，占 80.9%，专利类型的分布比较平衡。个人对专利制度缺乏了解，申请专利没有经验，常常会在申请前无意识地公开。而且，个人通常资金不足，很需要资金支持，往往通过展览等方式吸引投资者。在这些情况下，宽限期可以给个人提供一张安全网，使他们的发明创造不丧失新颖性。但是现行宽限期不保护早期公开测试，而在个人同投资人达成协议之前，投资人需要评估发明创造的潜在经济价值，经常会在申请专利前公开测试发明创造。如果将测试纳入宽限期，可以更好地保护个人。

2. 对于工矿企业

表 1 说明，工矿企业是利用宽限期的第二大主体，占 17.4%，而且集中在外观设计和实用新型。由此可以推断工矿企业在一定程度上需要宽限期，而且多是展出之后利用宽限期进行保护。我国的大型企业到目前为止基本上都有一定的能力以及配套的制度和人员维护其知识产权，但是大型企业毕竟不多，大部分还是中小企业❶。中小企业也面临同个人一样的问题，如对专利制度不熟悉，资金不足等，他们也需要利用宽限期。

3. 对于大专院校和科研单位

大专院校和科研单位援引宽限期的比重很小，仅 1.4%。从表面上看这是很不正常的。1999 年日本的大学和研究开发机构援引宽限期的申请占 30%。大专院校和科研单位重视学术声誉，有发表论文的压力，需要参加学术会议进行交流，很容易在专利申请前公开发明创造，因此，宽限期对他们而言应该非常重要。笔者认为我国这种不正常现象的原因如下：一是，大专院校和科研单位通常是做基础研究和应用研究，他们主要申请发明专利。我国的专利包

---

❶ “中国大型工业企业 2 387 家东部逾 6 成占较大优势”［EB/OL］，http：//news. webtextiles. com/info/info_ view. asp？Infoid＝175779.

括发明、实用新型和外观设计三种，发明专利申请数量只占很小的一个部分。所以整体上看他们利用宽限期比率很小。实际上，表1显示他们援引宽限期的几乎是发明专利申请，占所有援引宽限期的发明专利申请的5.7%。由此可见，宽限期对他们还是很重要的。二是，我国规定宽限期内公开的形式仅限于国际会议展出、会议发表和未经同意的公开，范围很窄。大专院校和科研单位很多时候都是以发表科研论文的方式公开，这种情况并不能利用宽限期，这对他们很不利。所以我国应该将出版物公开纳入宽限期，以更好地保护大学和科研单位的研究成果，鼓励他们做基础研究。

总之，我国申请人整体上对宽限期认识不够，运用率极低。加之我国宽限期的公开形式范围狭窄，援引程序严格，在一定程度上也限制了申请人对宽限期的运用。申请人有必要提高宽限期意识，正确运用宽限期规则，将那些早期公开的、价值大的发明创造纳入专利保护。同时，我国专利法也有必要拓宽宽限期的公开形式，以更好地保护申请人。

三、宽限期规则的利用策略

（一）合理利用我国的宽限期规则

1. 一般策略

申请人打算提交专利申请时，应该仔细分析是否在申请日前公开过发明创造；如果已经公开，分析能否利用宽限期；如果可以利用，应该在申请时履行相应的手续。这样积极主动地考虑宽限期问题，有助于保护专利申请的新颖性，降低日后被宣告无效的几率。当然，发明人或申请人如果需要在申请日前以展览或会议发表的形式公开，也可以利用宽限期先行公开，但必须在首次公开的6个月内申请专利，并履行相应的手续。值得提醒的是，发明人或申请人需要考虑早期公开的风险：其一，独立发明人就相同发明创造抢先申请专利会使申请人丧失获得专利的机会；其二，他人以宽限期规定的三种方式以外的形式再次公开会破坏其专利申请的新颖性；❶其三，他人获知已公开的发明创造以后，可以进行使用，即使该发明创造之后成为专利，该使用者亦可享有先用权。❷所以，宽限期仅仅是一个"安全网"，而不是延迟申请专利的工具。发明人和申请人在决定是否早期公开利用宽限期时必须慎重，应尽量先申请专利，降低风险。当然，如果无意间已经公开，应积极运用宽限期规则最大限度地挽救专利。

2. 特殊策略

合理利用我国宽限期以优先权日为起点的规定。如果发明人已经以规定的方式公开其发明创造，但是认为发明创造还不成熟，又想降低风险，他可以在6个月内尽早申请专利，获得一个有效的申请日，然后利用本国优先权❸，在12月内再就同样的主题申请专利，其优先权日为第一个申请日。如此，发明人在第二次申请时同样可以享受宽限期，而且还可以在优先权期限内继续完成或改进其发明创造，同时利用先申请原则阻挡他人的申请。另外，申请人在第一次申请专利时，本应该就某些早期公开行为主张宽限期，如果他忽略或者忘记提交援引宽限期的声明或证明文件，那么会导致无权享受宽限期，此后其专利申请随时有丧失新颖性的危险。如果申请人在首次申请日后12个月内意识到自己没有援引宽限期，有一

❶ 《审查指南》(2006) 第三章第5小节规定："发生《专利法》第24条规定的任何一种情形之日起6个月内，申请人提出申请之前，发明创造再次被公开的，只要该公开不属于上述3种情况，则该申请将由于此在后公开而丧失新颖性。再次公开属于上述3种情况的，该申请不因此而丧失新颖性，但是，宽限期自发明创造的第一次公开之日起计算。"

❷ 《专利法》第63条规定："有下列情形之一的，不视为侵犯专利权：……（二）在专利申请日前已经制造相同产品、使用相同方法或者已经做好制造、使用的必要准备，并且仅在原有范围内继续制造、使用的……"

❸ 本国优先权只适用于发明和实用新型，期限是12个月。

种补救措施就是，申请人在12个月内利用优先权再次申请专利，并且同时主张优先权和宽限期（提交声明和证明文件）即可。因为我国的宽限期是优先权日前的期间，而且提交声明和证明文件是以实际申请日为准。

（二）积极应对外国不同的宽限期规则

各国的宽限期规则不一致，对申请人（包括发明人）的利益影响很大，必须引起高度重视。从世界范围来看，各国的宽限期主要在期限、时间起点和公开形式上有差异，表2列举了4个有代表性的国家或地区的宽限期。

表2　4个国家或地区的宽限期规则比较

法律、公约	期限	时间起点	公开形式
中国专利法	6个月	优先权日	有限制（会议发表、展出、未经同意公开）
美国专利法	12个月	实际申请日	无限制
日本专利法	6个月	实际申请日	有限制（出版物、网络和会议发表、展出、试验、违背意愿公开）
欧洲专利公约	6个月	优先权日	有限制（展出、明显滥用）

1. 应对外国没有规定宽限期的情况

在世界范围内，不是所有的国家都规定了宽限期。如果申请人意图在没有宽限期的国家申请专利，那么他必须十分谨慎，不得将任何信息提前公开，否则就会丧失在该外国获得专利权的机会。如果申请人急于公开，可以先在中国申请专利获得有效申请日，然后公开，再利用国际优先权在外国申请专利。

2. 应对不同期限的规定

宽限期的期限有两种情况：6个月和12个月。中国采用的是6个月，而且日本、韩国、俄罗斯、印度、欧盟等不少国家或地区也是6个月，美国、加拿大、巴西、阿根廷、墨西哥等国是12个月❶。就国家之间相比较而言，中国目前采用6个月期限对中国申请人有利。因为中国申请人向12个月期限的国家申请专利时拥有更充裕的时间，然而长期限国家的申请人由于习惯了12个月，反而容易丧失在短期限国家援引宽限期的机会。

3. 应对不同时间起点的规定

中国和欧盟的宽限期以优先权日为起点，美国和日本以实际申请日为起点。❷ 中国和欧盟的申请人在本国充分利用宽限期以后，如果尽量享受国际优先权年（针对发明和实用新型）之后，再向美国或日本申请专利，该申请人基本不可能享受美国或日本的宽限期。例如中国的发明人在中国展出其发明，5个月后在中国申请专利，在国际优先权年内，10个月后又向美国或日本申请专利。这时发明人会发现为时已晚，要在美国获得宽限期保护他已经晚了3个月，因为美国的宽限期是实际申请日前的12个月；要在日本获得宽限期保护他已经晚了9个月，因为日本的宽限期是实际申请日前的6个月。我国的发明人和申请人必须高度重视这个问题，以防在美国和日本这样的国家丧失获得专利的机会。

如图1所示，中国申请人只有在减少利用国际优先权期间，才有机会同时利用中国的宽限期和美国或日本的宽限期。需要注意的是，发明和实用新型的国际优先权期间是12个月，外观设计的国际优先权期间是6个月。

---

❶ 尹新天："关于新颖性宽限期的问题"，载《知识产权》2002年第1期。

❷ 据Straus统计，美国、日本、俄罗斯、韩国、加拿大等16个国家等都是以实际申请日为起点，中国、墨西哥、阿根廷、巴西以及欧洲专利公约等21个（依Straus统计）国家和地区以优先权日为起点。

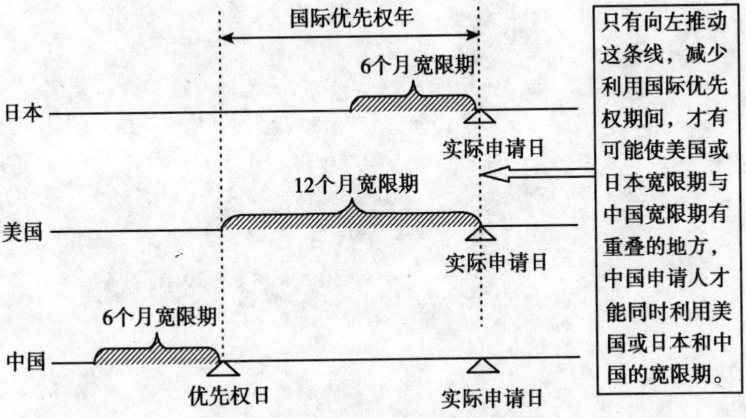

图1　日本、美国、中国宽限期比较

四、应对不同公开形式的规定

中国宽限期只承认有限的三种公开形式，对于限制最严的欧洲而言，中国发明人如果以学术会议发表的形式早期公开，虽然可以享受在中国的宽限期，但是将失去在欧洲获得专利的机会。而对于规定较宽泛的日本，中国发明人如果以出版物发表、试验的方式早期公开，虽然不能在中国享受宽限期，但是可以在日本享受宽限期。对于无限制的美国而言，中国发明人如果以规定的三种形式以外的任何方式早期公开，虽然不能在中国享受宽限期，但是可以在美国享受宽限期。所以，发明人需要清楚地了解想要申请专利国宽限期规定的公开形式，以采取不同的策略。

总体上讲，中国短的期限和有限的公开形式或许给中国申请人带来一点优势，但是像美国和日本以实际申请日为起点的规定可能给中国申请人以致命的打击。因此，中国申请人如要申请国际专利，必须综合考虑各国宽限期的期限、起点和公开形式，对于早期公开应该慎重；倘若已经公开，应该积极采取应对措施，否则会白白丧失在外国的专利权。

第六编

世界专利活动趋势与中药专利管理

第 16 题

世界专利活动国际化发展趋势

【摘要】本文分析了世界专利申请和授权的整体发展趋势和本国居民与非本国居民专利申请和授权的发展趋势。分析结果认为：世界专利申请和授权在 20 世纪 80 年代中期到 90 年代中期变化幅度不大，而从 20 世纪 90 年代中期至今增长趋势明显；尽管从 2001 年开始国际专利申请（PCT）量的增长率比以前相对降低，但是国际专利申请整体稳定增长趋势仍然较为明显；与本国居民专利申请量增长趋势相比，非本国居民专利申请量增长趋势更为明显；非本国居民专利授权量增长过程震荡幅度较大，而本国居民专利授权量增长过程震荡幅度较小。

世界专利事业是一个复杂的有机系统，包括不同国家或者地区专利的创造、运用、保护和管理活动。《世界专利报告（2008）》显示，世界专利活动呈现五大发展趋势。一是专利活动大幅增加。2005～2006 年期间世界专利申请量增长了 4.9%，其中中国、韩国和美国的专利申请量的增长率较高，分别为 32.1%、6.6%、6.7%。二是专利制度国际化趋势加强。这主要体现在非本国居民专利申请量和通过 PCT 制度的国际申请量的大幅提高。非本国居民申请占总申请量的比例从 1995 年的 35.7% 增加到 2006 年的 43.6%。2007 年通过 PCT 申请的国际专利数约为 158 400件，比上一年增长了5.9%，其中印度、巴西和土耳其通过PCT途径申请专利增幅较为明显。三是不同技术领域专利申请变化趋势不同。计算机技术、通讯和电子技术领域明显增加，但是生物技术领域有所下降。四是在一些专利局有大量的待审查的专利被积压。例如，2006年美国专利商标局（USPTO）就有1 051 502件专利申请等待审查。五是请求异议或者无效的专利数量越来越多。

近年来，世界专利活动正呈现出前所未有的活跃，专利申请和授权数量整体呈现大幅上升，且这一态势仍在持续。但是，世界专利申请数量的分布很不平衡，少数国家或地区的专利局受理了世界上绝大部分的专利申请。

一、世界专利申请和授权量整体发展趋势

（一）世界专利申请发展趋势

专利申请是世界专利活动的主要组成部分。图1反映了1985~2006年期间世界专利申请的整体发展趋势。从中可以看出，在1994年以前，世界专利增长趋势不明显，甚至个别年份（如1990年、1991年）有下降现象；但是在1994~2006年期间世界专利申请量大幅增长。不过，世界专利申请的增长率发展趋势不明显，其中1995年、2000年和2005年的专利申请的增长率较高，分别为10.1%、8.7%和8.3%，而1991年的专利申请增长率（-10.9%）最低。在1995~2006年期间，世界专利申请总数年平均增长5.3%。在2006年，世界专利申请总数约为176万件，比上年增长4.9%。可见，世界专利申请量不断增长是发展趋势，但是随着申请量基数的增大，其增长率可能会出现逐步下降的趋势。

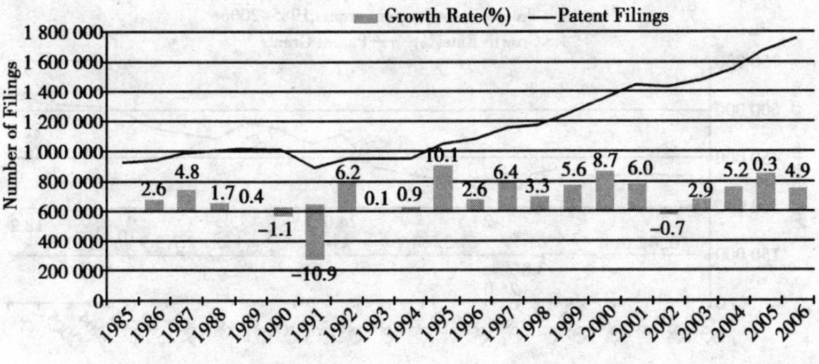

图1　1985～2006年世界专利申请整体趋势

注：数据来自WIPO的《世界专利报告（2008）》。

（二）世界专利授权发展趋势

图2反映了世界专利授权量的发展趋势。从中可知，专利授权量在1985～1990年期间变化幅度不大，1991年专利授权量出现大幅下降，但是1992～2006年期间专利授权量出现整体上升趋势。这与世界专利申请的发展趋势基本一致，不过，上升幅度小于专利申请数量的发展趋势。专利授权量的增长率变化趋势不明显，其中1992年、1996年和2006年的增长率分别为24.5%、24.0%和18.2%，而1991年的增长率（-26.0%）最低。2006年，全世界有727 000件专利申请获得授权，比上一年增长18.2%。可见，世界专利的授权量整体呈现上升趋势，但是其增长率的波动较大。

（三）世界重要专利局受理专利数量的发展趋势

图3反映了1883～2006年世界重要专利局受理专利数量的发展趋势。从中可以看出，从19世纪80年代至20世纪60年代，专利局受理的专利量基本稳定。此后，个别专利局受理的专利量快速增长，增幅最大的国家或地区的专利局分别是美国、日本、中国、韩国、欧盟等。从19世纪80年代至20世纪60年代，美国专利商

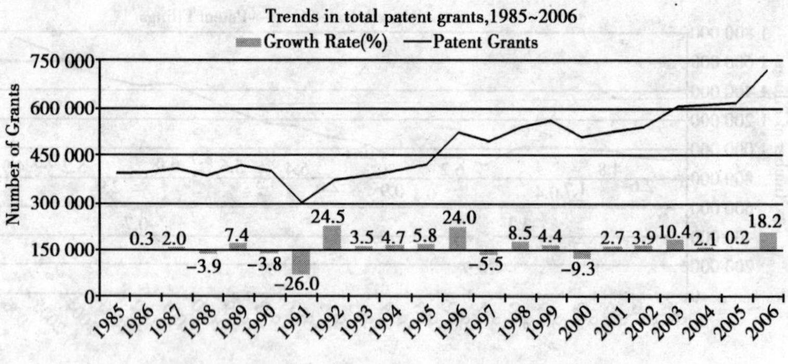

图 2　1985 ~ 2006 年世界专利授权发展趋势

注：数据来自 WIPO 的《世界专利报告（2008）》。

标局的专利受理量一直处于领先地位，随后日本专利局的专利受理量大幅高于美国专利商标局，但是在最近几年，美国专利商标局的专利受理量又高于日本专利局。在 2006 年美国专利商标局的专利受理量最多（425 966件），次之是日本（408 674件）、位于第三和第四的是中国（210 501件）和韩国（166 189件）。2000 ~ 2006 年期间中国和韩国专利局的专利受理量每年的增幅分别是 26. 3% 和 8. 5%，相反，日本专利局的专利受理量减少 0. 4%。可见，尽管专利申请人选择的专利局有所变化，但是个别重要专利局受理绝大多数世界主要专利申请的趋势没有改变。

（四）世界专利 PCT 申请发展趋势

自《专利合作条约》（PCT）国际专利申请制度于 1978 年 6 月开始运作以来，其使用状况呈现良好发展态势。在 20 世纪 90 年代，PCT 制度日趋成熟，成为国际申请的主要途径。截至 2006 年 12 月，《专利合作条约》（PCT）成员国已由 2000 年 1 月的 105 个增至 136 个。PCT 专利申请量由 2000 年的 93 237件增至 2007 年的 158 400件，年增幅 9. 98%。图 4 反映了国际专利申请（PCT）的发展趋势。从中可以看出，1985 ~ 2007 年期间，PCT 专利申请数

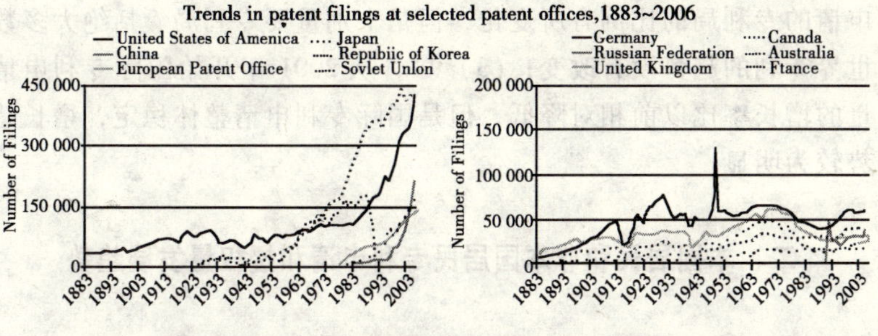

图3 1883～2006年世界重要专利局受理专利数量的发展趋势

注：数据来自WIPO的《世界专利报告（2008）》。

一直处于增长趋势，不过增长幅度在不同时间段有所不同。按照增长率的大小，可以将PCT专利申请分成三个阶段：第一阶段是1985～1990年期间，平均增长率为23.5%；第二阶段是1991～2001年期间，平均增长率为16.3%；第三阶段是2002～2007年期间，平均增长率为7.6%。可见，专利申请国际化的趋势不断加强，但是在不同阶段国际化发展的程度有所不同。

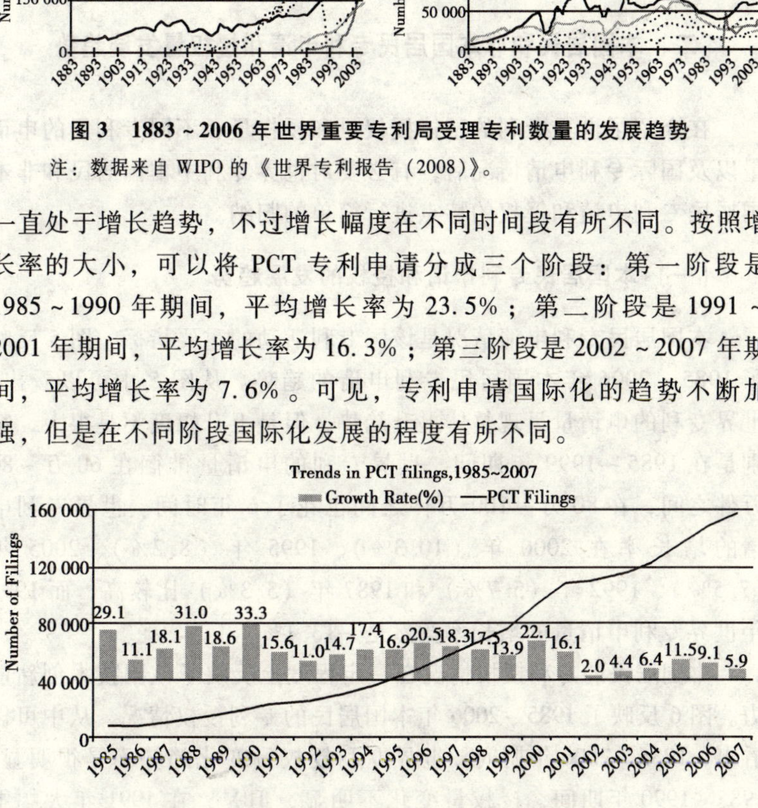

图4 1985～2007年国际专利申请发展趋势

注：数据来自WIPO的《世界专利报告（2008）》。

综上所述，世界专利申请和授权呈现如下发展趋势：（1）20世纪80年代中期到90年代中期变化幅度不大，而从20世纪90年代中期至今增长趋势明显；（2）1883～2006年期间受理世界专利申请的专利局的比例有所变化，但是个别重要专利局囊括绝大多数世界专利的趋势没有改变；（3）尽管从2001年开始国际专利申请量的增长率比以前相对降低，但是国际专利申请整体稳定，增长趋势较为明显。

二、本国居民和非本国居民专利申请和授权量发展趋势

在介绍了世界专利的整体授权量和授权量、不同专利局的申请量以及国际专利申请情况后，有必要对世界专利中本国居民和非本国居民专利申请和授权的特点进行简单的归纳。

（一）本国居民专利申请和授权的发展趋势

本国居民专利申请情况是该国专利活动的重要指标。图5反映了1985～2006年本国居民专利申请的趋势。从图5中可以看出，世界专利的申请量呈现整体上升趋势，但是上升幅度不是很大，特别是在1985～1999年期间，世界专利的申请量徘徊在60万～80万件之间，在80万～100万件之间也花了6年时间。世界专利申请的增长率在2000年（10.3%）、1995年（8.2%）、2005年（7.5%）、1992年（5.7%）和1987年（5.3%）比较高，而1991年世界专利申请量的增长率竟然是－13.1%。

本国居民的专利授权情况在一定程度上反映了该国技术创新能力。图6反映了1985～2006年本国居民的专利授权情况。从中可以看出，1985～2006年期间，世界专利授权量变化趋势不是很明显。1985～1990年期间，授权量变化不明显，但是，在1991年大幅下降，这也许是因为申请量下降所致。不过，从1991～1996年期间专利授权量上升最为明显，而1996～2005年期间专利授权量变化很小，但是在2006年有了较大幅度的上升。从世界专利授权量的增长率来看，1992年（42.2%）、1996年（40.8%）和2006年（22.5%）较高，而1991年专利授权量的增长率仅为－44.5%。

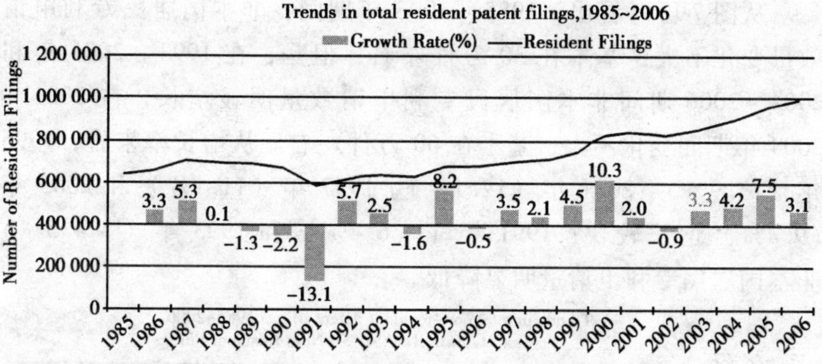

图5　1985～2006年本国居民专利申请发展趋势

注：数据来自WIPO的《世界专利报告（2008）》。

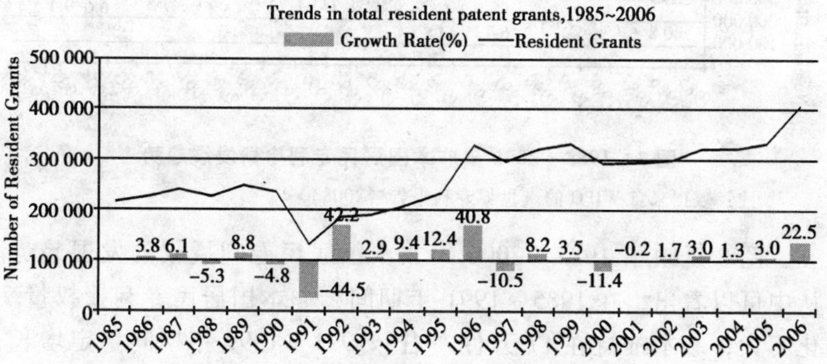

图6　1985～2006年本国居民专利授权发展趋势

注：数据来自WIPO的《世界专利报告（2008）》。

可见，本国居民专利的申请量和授权量变化之间整体变化趋势一致，但是变化的具体情况还是有所不同。

（二）非本国居民专利申请和授权的发展趋势

非本国居民专利申请和授权发展情况是专利活动国际化的重要指标。图7和图8分别反映了非本国居民专利申请和授权发展的趋势。

从图7可以看出，1985～1993年期间，非本国居民专利申请数量变化不大，基本在30万件左右，但是，在1993～2001年和2004～2006期间非本国居民专利申请数量明显增长，在2001～2004年期间变化不大，基本在60万件左右。从增长率来看，1995年（13.9%）、2001年（12.1%）、1997年（11.1%）和2005年（9.4%）增长较快；1991年（-6.4%）和1993年（-4.5%）非本国居民专利申请量明显降低。

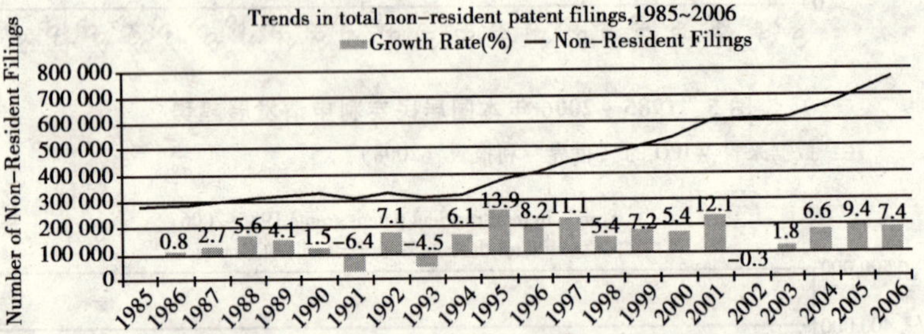

图7　1985～2006年非本国居民专利申请发展趋势

注：数据来自WIPO的《世界专利报告（2008）》。

图8反映了1985～2006年非本国居民专利授权的发展趋势。从中可以看出，在1985～1991年期间，非本国居民专利授权量变化不大，基本维持在17万件左右；1991～1999年期间稳定增长；1999～2006年期间震荡上行。从授权量的增长率来看，2003年（14.6%）、2006年（13.1%）、1992年（10.7%）和1998年（8.9%）增长较快，而2000年（-6.3%）、1986年（-3.9%）和1987年（-3.4%）非本国居民专利授权增长率为负。

（三）本国居民和非本国居民申请量的分布比较

图9比较了1985～2006年世界专利中本国居民和非本国居民申请量分布。从中可以看出，在1985～2006年期间，本国居民专利申请量占世界专利申请总数的比例从69.5%降至56.4%，非本国居民专利申请量占世界专利申请总数的比例从30.5%提高到

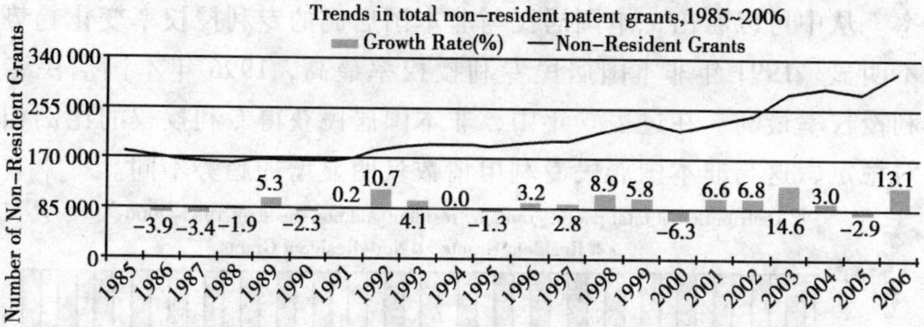

图8　1985～2006年非本国居民专利授权发展趋势

注：数据来自WIPO的《世界专利报告（2008）》。

43.6%。2004～2005年期间，本国居民专利申请量稳步增长（6.6%），而非本国居民专利申请量的增长速度更快（7.6%）。与此同时，最显著的增长出现在专利制度的新兴国家。中国的本国居民和非本国居民专利申请量增幅最大，分别达到42.1%和23.6%。可见，在过去20多年里，非本国居民专利申请比重大幅增加。

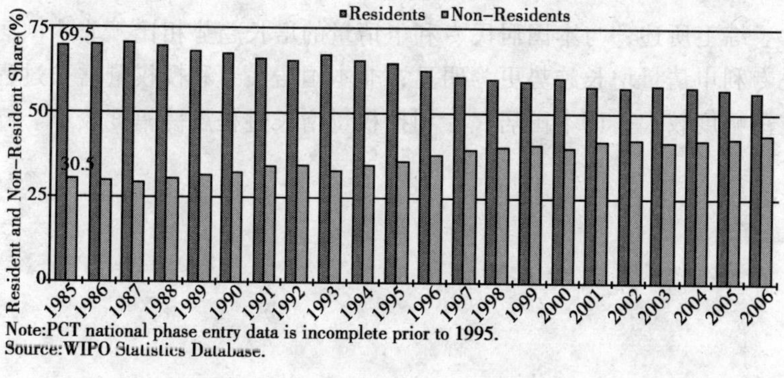

图9　1985～2006年世界专利中本国居民和非本国居民申请量分布比较

注：数据来自WIPO的《世界专利报告（2008）》。

（四）本国居民与非本国居民专利授权率比较

图10比较了1985～2006年本国居民与非本国居民的专利授权

率。从中可以看出，本国居民与非本国居民的专利授权率变化趋势不明显。1991 年非本国居民专利授权率最高，1996 年本国居民专利授权率最高。在过去 6 年中，非本国居民获得专利授权的比例相对稳定，这与非本国居民专利申请数量明显增加趋势不同。

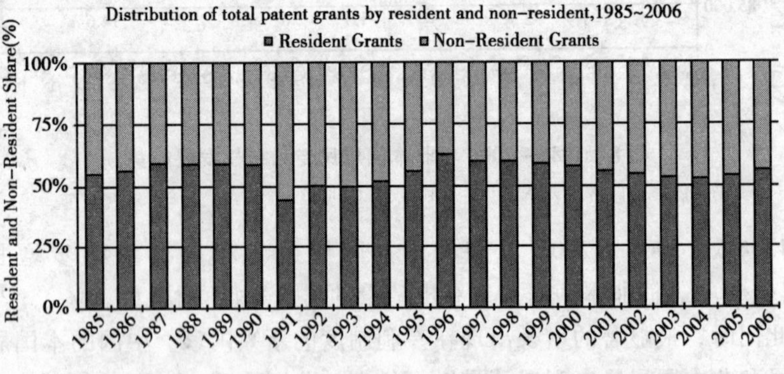

图 10　1985～2006 年本国居民与非本国居民的专利授权率比较

注：数据来自 WIPO 的《世界专利报告（2008）》。

综上所述，与本国居民专利申请量的增长趋势相比，非本国居民专利申请量增长趋势更为明显；非本国居民专利授权量增长过程震荡幅度较大，而本国居民专利授权量增长过程震荡幅度较小。

第 17 题

我国中药专利保护及其对中药产业的影响

【摘要】中药知识产权战略是国家知识产权战略的重要组成部分，研究中药专利保护情况及其对中医产业的影响对实施国家知识产权战略具有重要意义。本文通过分析中药专利的申请、授权、国际申请情况和中药专利的保护对象研究了我国中药专利保护的现状；通过分析中药科研机构 R&D 支出及其社会效益、中药科研机构人力资源和中药科研机构科技产出，研究了专利保护对中药产业 R&D 的影响；最后分析了我国中药专利保护面临的挑战，并提出了相应的对策。

传统医学是传统中医学、印度医学及阿拉伯医学等传统医学系统以及各种形式的民间疗法的统称。据世界卫生组织在 2005 年全球调查结果显示，有 54 个国家已经制定了规范传统医学的法律法规，并且有 42 个国家正在制定规范传统医学的法律法规。斯里兰卡（1941 年）、缅甸（1953 年）、巴基斯坦（1965 年）、印度（1970 年）、孟加拉（1972 年）、柬埔寨（1976 年）等亚洲国家早期就制定了相关的法律法规保护传统医学。非洲有 16 个国家制定了保护传统医学的法律框架。美国几乎所有的州都制定了保护针灸、中医的法律法规。英国制定了《顺势疗法行业法案》（1950 年）、《整骨疗法师法案》（1993 年）和《整脊疗法师法案》（1994 年）。澳大利亚维多利亚省和加拿大卑诗省在 2000 年分别颁布了

《中医注册法》和《中医、针灸师条例》。❶ 可见，传统医学已经成为大多数国家法律法规保护的对象。

中药❷（chinese traditional medicine）是以中医术语表述的中药材、中药饮片和中成药制剂的总称，是我国传统医药的代表，也是我国几千年传统文化的结晶。中药体系是使用人口最多、保存最完整、影响力最大的传统医学体系。中药产业是我国医药工业可持续发展战略框架的重要组成部分。据统计，我国现有中药文物约20 000余件，中药古籍约12 124种❸，仅《中医方剂大辞典》所载药方就有96 592件。1983 年全国中药资源普查结果显示，我国共有中药资源12 807种，其中中药植物11 146种，药用动物1 581种，药用矿物80 种，其中仅320 种常用植物类药材的总蕴藏量就达850 万吨。近年来，特别是2002 年科技部等七部委联合颁布《中药现代化发展纲要》以来，我国中药产业有了很大发展。到目前为止，全国已经建立了 448 个中药材种植基地，种植面积达1 424.4万亩；有17 个省（区、市）制定了202 种中药材生产质量管理规范（GAP）和生产技术标准操作规程（SOP），建立了122 种中药材质量控制方法；中成药已有47 种剂型、约9 000个品种，中药企业有1 400多家。在中药产业的保护方面，我国已经构建了包括国际条约、国内法律法规和相关行业政策等全方位保护中药产业的制度体系。该体系主要包括：《濒危野生动植物国际贸易公约》《巴黎公约》《马德里协定》《伯尔尼公约》《世界版权公约》《生物多样性公约》《专利合作条约》《国际植物新品种保护公约》和《与贸易有关的知识产权协议》等我国已经加入的国际公约；《宪法》《专利法》《商标法》《著作权法》《反不正当竞争法》

---

❶ 桑滨生、郭子华、温丽："传统医学法律地位日益受到各国关注"，载《中医药国际参考》2005 年第11 期，第4 ~6 页。

❷ 本文中"中药"是"中药"和"中医药"的统称。

❸ 见1991 年全国中医图书联合目录。

《野生药材资源保护条例》《中药品种保护条例》《植物新品种保护条例》和《药品注册管理办法》等国内法律法规；《中医药科学技术进步奖励管理办法（试行）》《中医药科学技术成果登记管理办法（试行）》《重大科技开发管理项目管理办法（暂行）及其实施细则》《关于进一步加强中医药继承发展工作意见的通知》《医药科学技术政策》《中药现代化发展纲要》和《关于中医推拿按摩等活动管理中有关问题的通知》等国家相关行业政策。鉴于我国专利制度对中药产业发展的重要作用，本文主要研究中药专利保护的现状和对象，专利保护对中药产业 R&D 的影响以及中药专利保护面临的挑战及对策等问题。

一、中药专利保护的现状

我国在《专利法》实施之前，企业对中药多采取内部保密和申报保密品种等措施进行保护；实施之后，我国中药的专利保护经历了三个阶段。第一阶段为 1985 ~ 1992 年，即《专利法》开始实施到第一次修改期间。1985 年实施的《专利法》不保护药品和用化学方法获得的物质，只保护药品的制造方法和医药器械。这一阶段对中药的专利保护水平很低。第二阶段为 1993 ~ 2000 年，即第一次《专利法》修改到我国加入 WTO 前夕。1993 年修改后的《专利法》给予药品包括中药发明专利保护，大幅度提高了我国中药专利保护的水平，促进了我国中药产业的发展。第三阶段为 2001 年至今，2001 年我国加入 WTO 后，药品领域全面采用专利保护制度，极大地刺激了中药专利申请的积极性，中药产业也取得了进一步的发展。但是因为中药自身的特点，现行的专利法对中药保护存在很多问题。

（一）中药专利申请情况

利用中国知识产权网（CNIPR）提供的专利检索工具，以A61K35❶（含有原材料或者其不明结构反应物的医用配制品）、A61K33（含无机有效成分的医用配制品）为检索入口，检索结果为：1985～2007年我国国家知识产权局受理的专利申请总量为2 972 262件，授权量为382 052件，其中中药专利申请量为41 482件，占申请总量的1.4%；授权量为12 690件，占授权总量的3.3%。有学者统计了1992～2002年中药专利申请情况发现，中药专利申请以国内主体的申请为主，国外主体的申请仅占1.2%❷，所以本文统计数据基本可以说明我国中药专利申请和授权的情况。

如图1所示，1985年至2007年国家知识产权局受理的中药专利申请情况完全与我国中药专利保护三阶段相吻合。1985～1992年中药专利申请量很小，但是有稳步增长趋势，从1985年的43件增加到1992年的629件。1993～2000年中药专利申请量较前一阶段有大幅提高，不过这一阶段申请量增幅不大，2000年（1 995件）比1993年（2 166件）仅增加171件。2001～2007年的中药专利申请发展趋势则经历了先上升后下降的“抛物线”发展趋势。这一阶段与前一阶段相比，专利申请量总体有较大幅度增长，2003年达到专利申请量最大值（4 358件），不过2007年中药专利申请量降低为2 282件。可见我国中药专利申请经过了稳定增长、平稳发展、冲高回落三个阶段。

---

❶ 在IPC第7版中分类号为A61K35/78（来源于植物的材料）的部分，在IPC第8版（2006年1月1日起投入使用）中转为A61K 36/00（含有来自藻类、苔藓、真菌或植物或其派生物，例如传统草药的未确定结构的药物制剂），所以在检索2006年和2007年的数据时，增加了A61K 36/00部分。

❷ 张今：“中药的专利保护：现状、问题及对策”，载《科技与法律》2004年第3期。

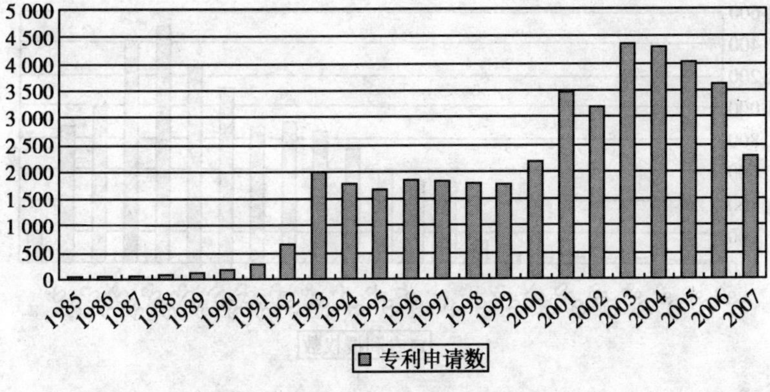

图1　1985～2007年国家知识产权局受理的中药专利申请情况

数据来源：中国知识产权网网站中外专利数据库服务平台，http://search.cnipr.com/cnipr/zljs/indexGuest.jsp? ret = 0&channelid = 14% 2C15% 2C16&searchType = 0.

（二）中药专利授权情况

如图2所示，与中药专利申请情况相比，1985～2006年国家知识产权局中药专利授权情况的阶段性不是很明显。1985～1992年中药专利授权量从21件增加至147件，呈现稳步增长阶段。因为1985年实施的《专利法》不保护中药产品，第一次修改增加了对中药产品的专利保护，所以与1992年（147件）相比，1993年（521件）中药专利授权有了大幅度增加[1]。从1993年（521件）至2002年（1 508件）中药专利授权量在基数较大的基础上稳步增长。不过从2002年至今，中药专利授权量呈现明显下降趋势。可见，我国中药专利授权量变化经历了低位慢速增长、高位快速增长、快速下降三个阶段。

---

[1] 因为专利授权的滞后效果，所以这一数据并没有真正反映《专利法》首次修改增加保护中药产品而使其授权数量提高的结果。

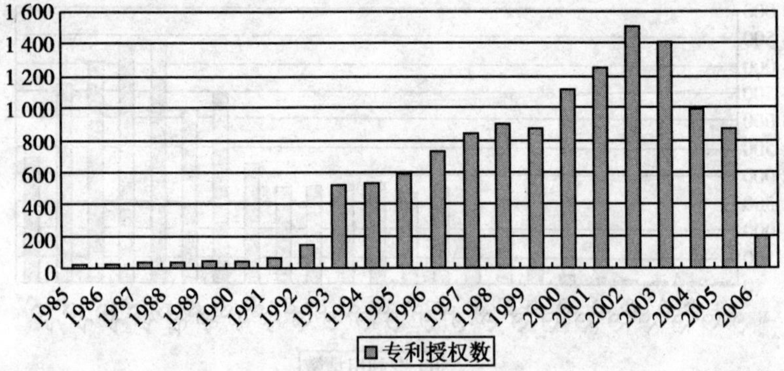

图 2　1985～2006 年国家知识产权局受理的中药专利授权情况

数据来源：中国知识产权网网站中外专利数据库服务平台，http://search.cnipr.com/cnipr/zljs/indexGuest.jsp? ret = 0&channelid = 14% 2C15% 2C16&searchType = 0.

（三）中药专利授权率情况

专利授权率（同一时期的申请量/授权量）在一定程度上反映了专利申请的质量。图 3 显示了 1985～2006 年国家知识产权局授权的中药专利申请授权率情况。从图 3 可以看出，中药专利授权率在 1985～1992 年期间呈现波浪式下降趋势，1992～2000 年期间呈现稳步上升趋势，2000 年至今呈现波浪式下降趋势。可见，中药专利申请质量经历了波浪式下降、稳步上升、波浪式下降三个阶段。这可能是由于近期过分追求申请量、导致申请质量下降从而授权率下降的结果。

（四）中药的国际专利申请情况

1998 年我国在中药领域只有两件 PCT 专利申请，占我国 PCT 专利申请总量的 2.4%；不过随着我国中药国际专利申请数量的增加，这一比例有了明显提高。我国在 2000 年和 2001 年的中药 PCT 申请量分别上升至 4.4% 和 4.5%，这表明中药企业正逐步参与国

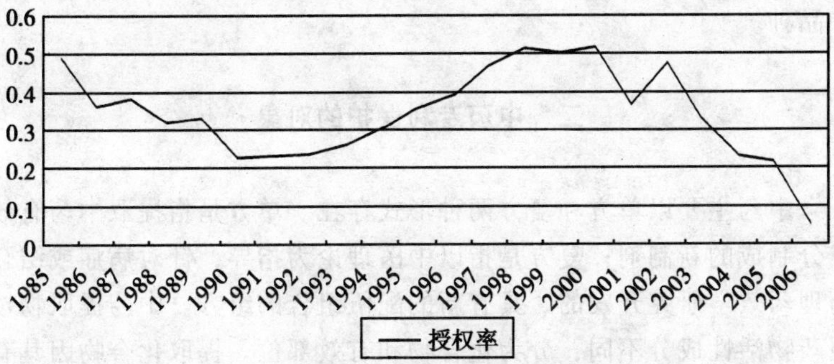

图3　1985年~2006年国家知识产权局受理中药专利授权率情况

数据来源：中国知识产权网网站中外专利数据库服务平台，http://search.cnipr.com/cnipr/zljs/indexGuest.jsp? ret = 0&channelid = 14% 2C15% 2C16&searchType = 0.

际市场的竞争。但中药领域的PCT申请在整个中药申请中所占的比例并不令人乐观，2002年中药领域的PCT申请仅占国内中药申请总量的0.6%，即国内有99.4%的中药没有申请国际专利，争取国际市场。❶

除《专利法》外，我国对中药还采取了其他形式的保护。截至2005年12月，我国的中药注册商标62 531件，其中驰名商标84件。1999~2005年期间，国家质检总局对600多个中药产品实施了地理标志保护。截至2005年底，我国已经整理出版了有关中药的古籍作品600多种，并开发完成了一定量的有关中药的计算机软件和数据库。另外，商业秘密对中药保护也发挥了重要作用，如我国将云南白药、片仔癀、安宫牛黄丸、六神丸等5个中药品种列为国家保密处方。我国国家药品管理局网站公布的数据显示，到2005年底，受《中药品种保护条例》保护的中药品种1 668个，其中12个品种被列为国家一级品种，1 656个品种被列为国家二级保

❶ 宋江秀："我国中药专利保护的成效及引发的思考"，载《中国中医药信息杂志》2005年第3期，第91页。

护品种。

二、中药专利保护的对象

中药主要以单方和复方两种形式存在。单方是指提取中药有效成分制成的新制剂；复方是指以中医理论为指导，针对病症或结合药理药效学研究开发的、具有新的配伍组合的组方。中药提取物按照药物活性成分不同，分为化合物和有效部位。提取化合物因其有确定的分子式，专利保护方式与西药基本相同；有效部位不是化合物，是提取得到的一类物质的混合物，具体结构式尚不清楚，无法进行高水平的专利保护。易言之，与提取物中的化合物的专利保护相比，《专利法》对中药组合物和中药提取物有效部位的保护水平较低。由于提取物中的化合物仅占中药的极少部分，所以本文所述的中药主要指中药组合物（复方）和提取物中的有效部位。以下主要介绍中药发明专利的产品、方法和用途的保护形式。

（一）中药产品发明

根据中药组成部分的不同特征，可将产品发明分为中药提取物发明、中药组合物发明和中药联用制剂发明。[1]

中药提取物发明包括：（1）中药中提取的单个化合物，该化合物成分清楚，有明确的化学结构式；（2）单一中药材原料中的提取物——有效部位，该提取物不存在原料药之间的配伍特征，申请时可以原料、工艺步骤、提取所用溶剂、工艺条件等提取方法（或制备方法）对提取物限定；（3）多种中药材原料中的提取物，因为是多种原料药中的提取物，各原料之间存在一定的配比关系，所以可采用“原料特征+制备方法”的方式对提取物限定。

---

[1] 张小英：“中药专利保护问题研究”，2006年中国政法大学硕士学位论文，第5页。

中药组合物发明包括：（1）含单一活性成分、并以所含活性成分为特征的中药组合物，包括所含活性成分为首次发现的动物、植物、矿物或其提取物的中药组合物，以及所含活性成分为首次作为药用的动物、植物、矿物或其提取物的中药组合物；（2）含多种活性成分的中药组合物，包括两种或两种以上的中药材粉末、中药材和中药提取物的混合物以及两种或两种以上的中药提取物；（3）以辅剂为特征的中药组合物发明；（4）以剂型为特征的中药组合物发明，即中药新剂型或剂型改进的发明。

中药联用制剂发明指含多种中药品的中药分装药剂的发明。

（二）中药领域的方法发明

中药领域的方法发明包括中药活性成分的提取、分离和纯化方法，中药制剂的制备方法及其工艺步骤，中药材加工和炮制工艺以及相关产品的生产方法，具体包括：（1）中药材加工炮制方法；（2）中药材种植、栽培方法；（3）中药材人工制品生产方法；（4）中药提取物制备方法；（5）新中药产品制备方法；（6）已知中药产品的改进制备方法；（7）中药产品测定或鉴定方法；（8）中药产品储藏方法。[1]

（三）中药的用途发明

当已知中药被发现新的医疗用途时，可以就该药新的医疗用途申请专利保护。中药领域常见的用途发明包括：（1）新的动物、植物或矿物的或其提取物的医疗用途；（2）已有中药材或其提取物的第二医疗用途。

此外，中药领域的专利保护对象还有外观设计，主要包括药品外包装、药品物理形状或外形图案等。

---

[1] 肖诗鹰等：《中药知识产权保护和申报技术指南》，中国医药科技出版社2005年版，第38页。

三、专利保护对中药产业 R&D 的影响

虽然不能说我国中药产业的巨大成就完全是由于专利制度的激励作用，但是专利制度在很大程度上确实促进了我国中药产业的发展。我国实施专利制度以来，尤其是 1992 年修改后的《专利法》对中药产业的发展发挥了重要作用。自 1997 年以来，我国中药产业的净资产收益率、销售利润率、成本费用利用率均高于医药工业的平均水平，产值年平均增长率超过 20%。近几年来，我国中药产业发展迅速，中成药和中药饮片的销售占国内医药市场的四成以上。据上海医药工业研究院信息中心统计，2005 年我国实现中药工业总产值（现价）1 169.7亿元，产品销售收入1 086.3亿元，利润总额 102.1 亿元，在全国医药工业占比分别达到 26.4%、25.8% 和 29.0%。2002～2005 年，我国中药工业（含中成药工业和中药饮片工业）的工业总产值、销售收入和利润总额的年均增长率分别为 20.0%、18.5% 和 11.6%，呈逐年递增之势。[1] 2007 年 1～5 月，中药饮片和中成药的总产值分别为 93.4 亿元和 476.6 亿元，同比增长 32.91% 和 19.7%，行业整体销售保持较快增长水平。[2] 2007 年 1～8 月，我国中成药制造业实现累计工业总产值 905.1 亿元，比上年同期增长了 20.1%；实现累计产品销售收入 805.6 亿元，比上年同期增长了 19.4%；实现累计利润总额 87.9 亿元，比上年同期增长了 52.7%。2007 年 1～8 月，我国中药饮片加工行业实现累计工业总产值 182.8 亿元，比上年同期增长了 35.0%；实现累计产品销售收入 162.4 亿元，比上年同期增长了

[1] 姚震宇："中药产业发展现状及趋势分析"，载《中国医药工业杂志》2007 年第 10 期，第 127～132 页。

[2] 专题采编组："中国中药行业运行现状分析及发展趋势预测"，载《财经界》2007 年第 10 期，第 56～57 页。

34.8%；实现累计利润总额 8.6 亿元，比上年同期增长了 34.6%。❶

（一）中药专利保护对中药科研机构 R&D 支出及其社会效益的影响

图 4 比较了 1998 ~ 2006 年❷中药专利申请量和授权量与中药科研机构 R&D 支出及中医医院的收入和支出情况。由图 4 可知，中药专利申请量和授权量都经历了先上升后下降的趋势，不过申请量的最高点在 2003 年（4 358件），而授权量的最高点在 2002 年(1 508件)。中医科研机构的 R&D 支出呈现明显上升趋势，2002 ~ 2003 年上升幅度最大。中医医院的总收入和总支出变化趋势基本一致，都呈现明显上升趋势，2001 ~ 2002 年上升幅度最为明显。比较这 5 个变量发现，专利申请量和授权量的变化对中药科研机构 R&D 支出和中医社会效益的影响不明显。本文认为，出现这种结果的原因有二：一是我国中药专利保护不断完善，中药产业近年来有了很大发展，所以中药科研机构 R&D 支出和中医医院收入和支出出现明显的提高趋势；二是中药专利保护对象的特殊性决定了中药专利的申请量和授权量达到一定数量后会逐渐下降。理由是，中药专利保护水平可以不断提高，但是中药专利申请量和授权量不可能一直上升，达到一定数量后会逐渐下降是正常现象，因为它是特定的保护对象，保护的内容是有限的。

---

❶ “2008 年中国中药市场分析及投资咨询报告”，载 http：//www.ocn.com.cn/reports/2006087zhongyao.htm.

❷ 由于能够得到的权威数据有限，只能比较 1998 ~ 2006 年中药专利申请量和授权量与中药 R&D 支出及中医医院的总收支情况，以下数据比较理由相同。

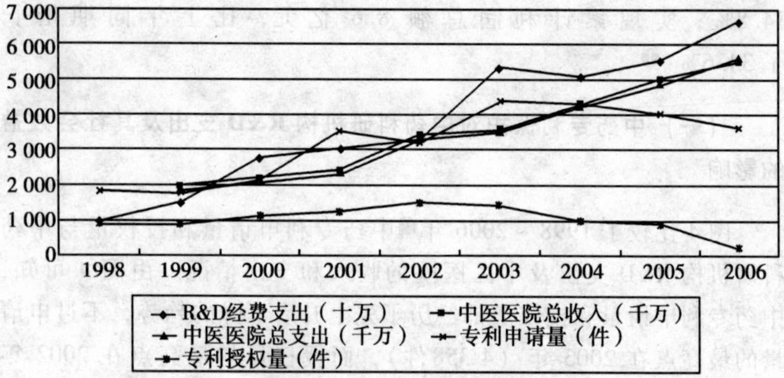

图 4　1998～2006 年中药专利申请量和授权量与中药 R&D 经费支出及中医医院收支比较

数据来源：中国知识产权网网站中外专利数据库服务平台，http：//search. cnipr. com/cnipr/zljs/indexGuest. jsp? ret = 0&channelid = 14% 2C15% 2C16&searchType = 0；中华人民共和国国家中药管理局网站数据统计栏目：《全国中医药统计摘编》，http：//www. satcm. gov. cn/96/全国中药统计摘编/main. htm.

（二）中药专利保护对中药科研机构人力资源的影响

近年来，中药人力资源得到了迅速发展。统计数据表明，2005 年中药制造企业中的研发人员占整个医药制造业的比例约为 25.4%。2006 年企业界研发人员达到 5 748 人，而研究机构为 4 578 人。❶ 图 5 比较了 1999～2006 年中药专利申请量和授权量与中药研究机构 R&D 人员及中药高校在校学生数❷的情况。中药专利的申请量和授权量前面已经说明，不再赘述。从图 5 可以看出，这期间中药科研机构 R&D 人员和中药高校在校学生数除 2000 年有

❶ 洪蔚："中医药国际化的喜与忧"，载《科技时报》，2008 年 1 月 18 日。

❷ 中药高校在校学生数指当年统招的在校研究生、本科、专科学生的总和。

所下降外，整体都呈上升趋势。二者在 2000 ~ 2002 年都呈上升趋势，但中药科研机构 R&D 人员上升幅度远大于中药高校在校学生数上升幅度。2002 ~ 2006 年期间中药科研机构 R&D 人员数变化不大，但中药高校在校学生数变化较大，特别是 2003 ~ 2005 年期间上升幅度明显。综合中药专利的申请量和授权量与中药科研机构 R&D 人员数量及中药高校在校学生数量变化情况，可以发现，中药专利的申请量和授权量与中药科研机构人力资源的相关性不明显。

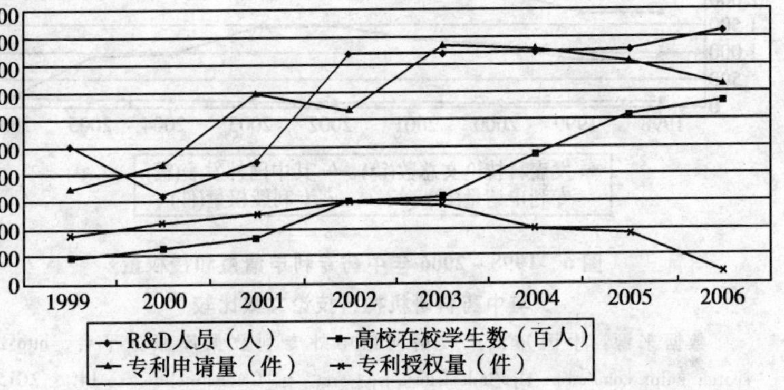

图 5　1999 ~ 2006 年中药专利申请量和授权量与中药 R&D 人员及中医高校在校学生数比较

数据来源：中国知识产权网网站中外专利数据库服务平台，http://search.cnipr.com/cnipr/zljs/indexGuest.jsp? ret = 0&channelid = 14% 2C15% 2C16&searchType = 0；中华人民共和国国家中药管理局网站数据统计栏目：《全国中医药统计摘编》，http://www.satcm.gov.cn/96/全国中药统计摘编/main.htm.

（三）中药专利保护对中药科研机构科技产出的影响

图 6 比较了 1998 ~ 2006 年中药专利申请量和授权量与中药科研机构科技论文总数以及在国外发表论文数。中药专利的申请量和授权量前面已经说明，不再赘述。这期间中药科研机构发表的科技论文数量小幅下降后逐渐上升的趋势，整体升幅不大，但是

2005～2006年增长较快。在国外发表论文数量呈现波浪式变化趋势，但是变化幅度不大，2001年数量最少（66篇），2004年数量最多（130篇）。可见，中药专利申请量和授权量与中药科研机构科技产出的相关性不高。

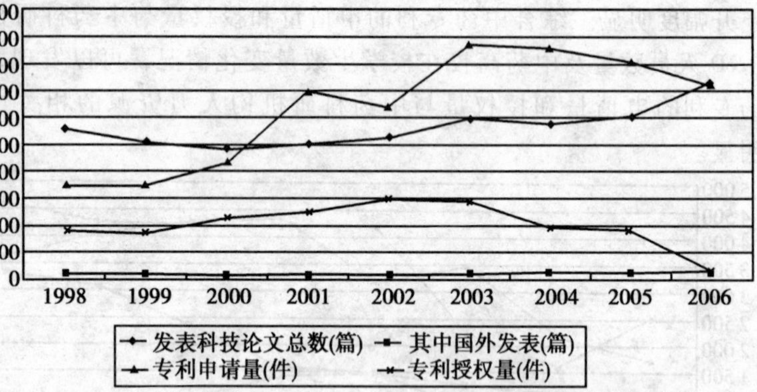

图6　1998～2006年中药专利申请量和授权量与中药科研机构科技论文数比较

数据来源：中国知识产权网网站中外专利数据库服务平台，http：//search. cnipr. com/cnipr/zljs/indexGuest. jsp？ ret = 0&channelid = 14% 2C15% 2C16&searchType = 0；中华人民共和国国家中药管理局网站数据统计栏目：《全国中医药统计摘编》，http：//www. satcm. gov. cn/96/全国中药统计摘编/main. htm.

四、中药专利保护面临的挑战及对策

目前，我国中药产业发展迎来了难得的机遇。截至2005年，我国已与70个国家签订了含有中药内容的政府协议；中医在澳大利亚、南非等国以法律形式得到承认和保护；针灸在许多国家获得法律许可。每年全世界中草药、中成药贸易额已突破150亿美元。欧洲约有30%的人使用过中药，10%的德国医生接受过针灸入门训练。欧盟第七框架计划（FP7）下已经设立了中药的科技合作项目。

但是中药专利保护同时面临严峻挑战。这种挑战主要来自两个方面：一是中药自身的特点，二是中药资源的流失。它们导致了现有专利制度对中药难以进行有效保护。

首先，申请专利的技术方案的公开要求不利于中药配方的专利保护。配方是中药专利的核心内容，然而配方如果申请专利，依据《专利法》应该充分公开。但是如果有人对公开后的配方进行加减拆分组合，形成新的配方，此时如何解决该配方的侵权认定难度很大，处理不好会大大降低对中药配方的专利保护水平。

其次，中药复方的自身特性为其可专利性审查带来困难。一是中药的传统特色为新颖性判断提出挑战。中药单方，特别是中药提取的化合物容易满足新颖性，但是中药复方由于其传统特色，中药新药开发多从古籍中进行研发，所以新颖性的判定成为用现行专利制度保护中药的障碍。二是中药配方容易加减拆分组合的特性为创造性判断增加难度。侵权人可能通过对中药核心技术配方的加减拆分组合，或者改变药味用量比例，形成新的配方，生产该中药。以“修改”后的配方申请专利时，创造性很难判定。

再次，中药配方有效成分的难以确定性为专利侵权认定带来困难。授予专利权的西药一般具有确定的化学结构式，被控侵权时，比较容易认定。与西药不同，很多中药是由两种或两种以上的药物组成的配方，没有具体的化学结构式。这种药物配方使得中药有效成分的确定十分困难。被控侵权者改变中药组方中的某种成分或加减剂量而制成“新药”便很难被认定是否构成侵权。所以，中药专利申请的权利要求保护范围很难确定，在真正出现侵权产品时，对被控侵权物是否落入权利要求的范围很难判定。这些问题都在不同程度上减弱了专利制度对中药的保护强度。

最后，因为中药保护制度，尤其是中药专利制度的不健全，我国中药资源近年来的严重流失，对中药产业发展也提出了挑战。首先是国外企业从我国廉价进口中药材，然后开发新药，蚕食我国中药国际市场。据国家知识产权局统计，日本和韩国占国际中药市场

80% ~90% 的份额，其原料的 70% ~80% 来自我国，而我国所有的 4 000多种制剂仅占国际市场份额的 3% ~5% 。[1] 日本投入巨资研发中药，仅从《伤寒论》《金匮要略方》中就开发药方 210 个，医疗汉方药年生产总值已超过 1 000亿日元。韩国仅“牛黄清心丸”一个中药品种的年产值就达 0.7 亿美元。其次是国外企业利用中药开发新药，并积极申请专利，围堵我国中药产业发展。如日本 Teikoku Seiyaku Co.，Ltd. 公司于 2001 年以“加味逍遥散”、“当归芍药汤”、“桂枝茯苓丸”和“芍药干草汤”[2] 4 个复方为主治疗溃疡性结肠炎用途，向美国申请了专利，并于 2003 年获得授权。又如江苏的中药材薄荷，目前已有 8 项专利掌握在美国人手中；而珍贵中药材银杏我国目前共申请专利 68 件，外国人申请有 4 件，但这 4 项专利却几乎涵盖了银杏所有的提取工艺流程。[3]

为了更好地发展我国中药产业，我们建议在完善中药可专利性审查和中药侵权认定规则的基础上，主要做好如下工作。首先，要以新修订《专利法》的实施为契机，完善遗传资源披露机制，强化专利法对中药资源保护。新修订《专利法》规定的“发明创造的完成依赖于遗传资源，该遗传资源的获取或者利用违反我国有关法律法规的，不授予专利权；发明创造的完成依赖于遗传资源的，申请人应当在专利说明书中披露该遗传资源的来源”，对中药资源的流失可以在一定程度上获得缓解。其次，要协调《专利法》与现有其他中药保护制度之间的关系，提高法律法规、行业政策实施效率，推动中药产业发展。除了《专利法》以外，其他法律法规

---

[1] 张今：“中药的专利保护：现状、问题及对策”，载《科技与法律》2004 年第 3 期。

[2] “加味逍遥散”出自《太平惠民和剂方》，“当归芍药汤”、“桂枝茯苓丸”出自《金匮要略》，“芍药干草汤”出自《伤寒论》。

[3] 郑天虹、白洁纯、王攀：“破解中医药‘商标壁垒’”，http：//www.gd. xinhuanet. com/，2005 年 4 月 21 日访问。

或者行业政策对中药产业发展也很重要，如《商标法》《中药品种保护条例》《植物新品种保护条例》对中药不同层面的保护都很重要，但是协调程度不高，甚至相互冲突，而且对中药的保护有些地方可能还存在空白。再次，立法机关应该尝试针对中药产业的特殊性，探索专门保护中药的法律制度，促进中药产业现代化。

后　记

本书主要内容是我在华中科技大学知识产权战略研究院攻读博士期间的部分研究成果（包括合作作品，没有标明合作作者的属于独著作品），其内容涉及知识产权管理和运用的相关问题。部分论文已经发表，但是有的论文因为篇幅及发表期刊的具体要求，有些内容被删减，为了能完整表达作者的观点，本书补充了原来删减的内容。除此之外，还有以下问题需要说明。首先，本书大多数论文是在参加我的导师朱雪忠教授主持的国家自然科学基金重点项目（70633003）和国家社会科学基金重大招标项目（07&ZD006）过程中完成的。在写作过程中，多数论文得到了朱雪忠教授的耐心指导。借此向他表示最真诚的谢意，他那严谨的治学和学术精神，将会永远影响我的教学和学术生涯。其次，要感谢我的合作作者万小丽博士生和文家春博士、黄光辉博士生，跟他们的合作开阔了我的研究视野，使我受益匪浅。再次，要感谢课题组的其他研究人员，特别是谢惠加博士、周勇涛博士生和刘珍兰博士生在研究中的帮助。

因为作者的研究水平所限，本书的内容和观点错误难免，敬请读者不吝赐教。

乔永忠